2022年度河南省重点研发与推广专项（科技攻关）项目（222102320280）
2022年河南省哲学社会科学规划年度项目（2022CTY033）

新时期儿童青少年体育教育发展研究

李赫 ◎ 著

中国农业出版社
北 京

图书在版编目（CIP）数据

新时期儿童青少年体育教育发展研究 / 李赫著 .—北京：中国农业出版社，2023.12
ISBN 978-7-109-31567-9

Ⅰ．①新… Ⅱ．①李… Ⅲ．①儿童－体育运动－研究－中国 ②青少年－体育运动－研究－中国 Ⅳ．①G812.45

中国国家版本馆 CIP 数据核字（2023）第 231798 号

新时期儿童青少年体育教育发展研究
XINSHIQI ERTONG QINGSHAONIAN TIYU JIAOYU FAZHAN YANJIU

中国农业出版社出版
地址：北京市朝阳区麦子店街 18 号楼
邮编：100125
责任编辑：李　梅　　文字编辑：李海锋
版式设计：王　晨　　责任校对：吴丽婷
印刷：中农印务有限公司
版次：2023 年 12 月第 1 版
印次：2023 年 12 月北京第 1 次印刷
发行：新华书店北京发行所
开本：700mm×1000mm　1/16
印张：10.75
字数：210 千字
定价：68.00 元

前言 FOREWORD

儿童青少年的体质健康关系到国家和民族的发展，党和国家高度重视我国儿童青少年的体育教育发展研究工作。体育作为教育的重要组成部分，聚焦解决儿童青少年体育发展问题。青少年体育是中国由体育大国迈向体育强国的重要战略指标，也是我国建设人力资源强国的重要组成部分，更是党和国家高度重视青少年发展的战略内容。

基于此，本书以“新时期儿童青少年体育教育发展研究”为题，对我国儿童青少年体育教育发展进行探讨。全书共设置七章：第一章为体育教育概述，主要包括体育与体育教学概论、体育教学的方法与原则、体育教学主体分析；第二章为幼儿园体育教学活动发展与教育，包括幼儿园体育活动的内涵与目的、幼儿园体育活动的内容和方法、幼儿园体育活动的组织形式、基于儿童视角的幼小体育教学衔接；第三章为小学阶段体育教育发展及其内容衔接，包括小学运动技能发展特点、小学体育与健康教学的目标、小学体育与健康教学设计理论、中小学体育课程内容衔接分析；第四章为中学阶段体育教育发展与改革，包括中学体育教学设计的意义与原则、中学体育教学创新发展模式、中学体育教学发展策略、中学体育教学改革分析；第五章为儿童青少年体育教育基本活动，包括幼儿体育活动的基本体操与运动技巧、青少年体育教育中的基本活动能力、青少年体育教育中的运动技能；第六章为儿童青少年的体育教育与养成，包括幼儿快乐体操教学体系构建、小学体育中健康生活方式教育实施、中学体育教育中的德育渗透、新时期青少年体育养成教育研究；第七章为新时期我国竞技体育后备人才培养的改革路径，包括体教融合背景下青少年体育后备人才培养的现实审视与战略取向、青少年竞技体育后备人才培养的协同治理、多元异质青少年体育实体在体教融合进程中的角色定位、中国特色竞技体育后备人才培养模式转化与创新。

全书的理念新颖，内容丰富，结构清晰，客观实用，从体育教育相关理论、体育教学主体分析切入，系统性地对幼儿园体育教学活动发展与教育、小学阶段体育教育发展及其内容衔接、中学阶段体育教育发展与改革、儿童青少年体育教育基本活动及儿童青少年的体育教育与养成进行解读，最后针对新时期我国竞技体育后备人才培养的改革路径进行分析。另外，本书注重理论与实践的紧密结合，对我国体育教育发展具有一定的参考价值。

本书的撰写得到了许多专家学者的帮助和指导，在此表示诚挚的感谢。由于笔者水平有限，加之时间仓促，书中所涉及的内容难免有疏漏与不够严谨之处，希望各位读者多提宝贵意见，以待进一步修改。

李　赫

2024 年 3 月

目录 CONTENTS

第一章
CHAPTER ONE

体育教育概述

第一节　体育与体育教学概论

一、体育的认知

（一）体育的特征与功能

1. 体育的特征

文明社会发展到一定阶段，出现了现代体育，其作为一种常见的艺术形式，主要有以下基本特征。

（1）国际化。作为在国际范围内普遍存在的社会现象，学校体育教育、公众自发性体育活动及体育赛事等从不同角度完善了现代体育的理论性和实践性，使之得到了不同程度的国际化渗透。

（2）社会化。现代体育的社会化是指由全社会来兴办体育，发挥现代体育的社会功能，使体育成为一项社会活动。在我国，现代体育并未像发达国家一样呈现产业化趋势，政府主办为主、逐步面向多元化社会管理仍然是我国现代体育的发展状态。实际上，现代体育除了承担强身健体的社会职能外，还逐步改变人们的生活方式和生活质量。具体来讲，现代体育的社会化主要表现在以下三个方面：①竞技体育的社会化，即以个人或企业牵头成立的体育项目俱乐部或以产业系统为核心建立的体育协会等；②大众体育的社会化，即人们开始积极参与体育项目、投资体育活动或增加在体育活动上的消费支出；③学校体育的社会化在发达国家较为常见，即学校体育场馆面向社会大众开放以及学校利用社会体育基础设施开展体育教学等。

（3）科学化。现代体育的科学化是指体育管理、体育锻炼、体育训练和体育教学等方面都是基于现代科学技术发展呈现出的基本属性。其中，尤以体育训练的科学化属性最为突出，从优秀体育人才的选拔到科学的训练方案制定、体育成绩预判以及医务监督等过程都需要在科学技术的支持下完成。同时，体育训练和体育赛事对电子计算机、激光和遥测空间技术等的运用，都为现代体育增添了科学化的色彩。

（4）商业化。现代体育的商业化是促使体育运动适应现代社会的有利因素，主要包括体育活动的投入、出于商业性收益的运动员转让、电视转播权、赛事门票、广告收益、体育活动场所及基础设施有偿使用等内容。

2. 体育的功能

体育的功能是指体育对个体和社会所发挥的作用和效能。体育在不同的历史发展阶段具有不同的功能属性，并在历史发展过程中逐渐被赋予新的功能，这将对人类社会产生更多正面的影响。

（1）教育功能。体育的教育功能是通过体育对人们身心健康的促进与发展来促进实现教育目的而体现出来的。作为体育最基本的功能体现，教育功能对人类社会有着其他社会功能无法超越的影响力。体育运动可以帮助我们养成良好的生活习惯，形成科学的价值观，建立严谨的逻辑思维，培养健康的生活方式，以及正确的情感表达，规范化的体育教育可以促进人们的社会化成长，实现人们个性、身体、心理、社会关系等方面的同步发展。

除此之外，体育教育作为学校教育的重要组成部分，和德育、智育具有统一性与连贯性。因此，要培养人们终身体育的意识和习惯，以便更好地应对现代社会的发展需求。具体来讲，体育活动，尤其是团体活动竞技体育，要求从事体育运动的人具备一定的责任感、团队意识和合作精神。在体育活动过程中，人们的爱国主义情怀、集体荣誉感和责任感就会逐渐树立起来，同时养成吃苦耐劳、拼搏向上、自强不息的意志品质，最终实现德育效果。

（2）健身功能。健身功能是体育的基本功能，健身功能的实现依赖于终身体育的坚持，更对发挥体育其他功能有着深远的影响力。具体来讲，健身功能主要体现在以下三个方面：①健康合理的体育运动可以促进人体骨骼和肌肉的生长及血液循环，提高心脏功能；②坚持体育锻炼，可以促进人体呼吸系统、心脑血管系统、运动系统等的发育与完善；③体育运动还可以促进人的心理健康发展，延长寿命。

（3）经济功能。体育经济是一种以与体育活动有关的基础设施为基础，将体育活动同经济活动紧密联系起来，从而促进国民经济发展的经济类型。身体素质、文化素质、道德素质、心理素质等是构成人的素质的主要方面，其中，身体素质是人的综合素质的核心，是人类开展社会生产活动和文化活动的基础，而较好的身体素质与坚持体育活动和体育锻炼是分不开的。简单来讲，体育活动与体育锻炼能够增强人的身体素质，保障人在身强体壮的状态下积极参与社会生产活动，从而推动社会经济发展。同时，体育发展与经济进步又有着密切的关系，体育的发展离不开经济强有力的支持，而经济的发展同样离不开体育的功能发挥，二者相互配合、相辅相成，共同促进了国民经济的发展。

（4）情感功能。体育活动的价值取向之一在于服务人们的休闲娱乐，在体育的竞技性调节人际关系的同时，体育赛事的竞技性也会影响人的心理平衡状态。

（5）娱乐功能。无论是从人的生理、心理需求来看，还是从社会化的发展需要来看，娱乐都是人们精神生活中不可或缺的重要内容。体育本身就是一种带有休闲娱乐属性的活动，其既能丰富人们的业余生活，又能陶冶人的情操。在社会经济、社会文化、社会政治以及信息技术高速发展的当下，现代体育也被赋予了新的内涵，根据不同的内涵，现代体育进一步被细分为竞技体育、学校体育和社会体育三大类。

（二）体育的目标与任务

我国体育教育既要依照体育功能、学生所处的年龄段，还要依照我国教育事业和现代社会的发展需要，其目标是让学生具备健康体育的意识，提高体育技能，自觉坚持体育锻炼，增强自身体质，从而让学生有正确的体育观念、良好的行为习惯和思想品格，全面发展德、智、体、美、劳，为发展社会主义事业打下良好的基础。以下任务可以帮助体育教育更好地实现目标。

增强体质、增进健康，是我国体育教育要完成的首要任务。这既反映了体育的最本质功能，也符合当前我国学生身心健康发展和社会主义建设的需要。学生正处于最具生命活力的青年期，在这一时期督促学生学习体育健康知识，可以让学生养成良好的生活习惯。鼓励学生参加各种各样的文化活动，坚持锻炼身体，保证其内脏功能和身体发育良好，不断增强体质，让锻炼更有效果，增强其身体抵抗力，并使其具备快速适应环境和参与各种活动的能力。

坚持锻炼身体，学习体育健康知识并掌握相关技能。为保证学生具备正确的体育意识，充分了解体育健康知识，激发出学生参与体育锻炼的热情，保证身体健康，需要学生不断学习有关体育和健康方面的知识，科学地参与运动项目的锻炼，熟练掌握体育技术，养成坚持锻炼身体的好习惯。

培养良好思想品德、意志，促进学生个性完善发展。育“体”和育“心”在体育教育中同样重要。体育本身具备的特征为体育教育提供了多种多样的形式，但在筹备体育竞赛、开展运动训练活动、安排体育课程等过程中要时刻关注学生的学习思想和意志方面。鼓励学生积极锻炼身体，早日投身建设社会主义现代化；培养学生具备奋发图强、敢于拼搏、吃苦耐劳、团结友爱的优秀品格；鼓励学生积极养成健康的行为习惯，使其具备发现美、表达美、热爱美的能力，让学生实现更高、更好的追求，全面提高学生在个性方面的发展。

提高运动技术水平，为国家培养体育人才。学校在积极推动群众性体育活动的同时，也应着重培养一些具备专项运动才能、体育运动能力突出的学生，科学合理地为他们安排训练活动，让学生充分发挥体能和智能的长处。要始终遵循体育运动规则，为学生灌输正确的竞技体育知识，展开科学、系统的训练，极大地提高学生的运动水平。这样不仅可以丰富学生的课余生活，还可以为国家竞技运动储备更多的人才。

二、我国体育教学思想的指导

1.“以人为本”体育教学思想

在“以人为本”体育教学思想的指导下，我国体育教学进行了有效的改革，即肯定了体育在育人方面的重要作用，强调尊重学生在体育教学中的主体地位，切实调动学生参与体育教学的积极性和主动性。

就目前来看，我国在“以人为本”体育教学思想指导下的体育教学改革取得了积极成效。因此，今后我国在开展体育教学时，仍有必要贯彻这一体育教学思想，以便在实现体育自身价值的同时，进一步深化学校体育教学改革。事实上，在新的时代背景下贯彻“以人为本”体育教学思想，不仅有利于实现学生的个人价值与社会价值以及体育的健身价值和人文价值，而且能确保学校体育教学不断取得理想的成效。要想在体育教学中运用“以人为本”体育教学思想时获得良好的成效，必须做好以下三个方面的工作。

(1) 充分尊重学生在体育教学中的主体地位。传统的体育教学是“以教师为中心、以教材为中心、以课堂为中心”，这导致学生的主体地位被忽略，学生的主体作用得不到充分发挥，学生参与体育教学的积极性和主动性自然就不高。要想改变这种情况，必须使学生从“要我学”的被动地位转变为“我要学”的主动地位。而“以人为本”体育教学思想要求学校在开展体育教学活动时，必须以学生为主体，确保每一个学生在体育学习中都能有所收获。因此，学校在具体开展体育教学活动时，必须尊重学生的人格，承认学生在个性、身体素质以及学习能力等方面存在的差异，因材施教，确保每个学生都能积极主动地参与到体育学习中。

(2) 充分尊重体育教师在体育教学中的主导作用。学校体育教学活动的开展，必须在体育教师的组织下进行。体育教师的思想水平、业务水平和工作能力等，都会对体育教学的效果产生直接且重要的影响。因此，体育教师应不断充实自己的体育理论知识，提高自己的体育运动技能，丰富自己的体育运动经验，并重视研究体育教学大纲、体育教材以及体育教学的方法、手段等，以便能够在体育教学中充分发挥主导作用，确保体育教学的顺利开展并取得理想的效果。

(3) 科学构建体育教学的评价体系。传统的体育教学在开展教学评价时，评价方式比较单一，评价内容也比较固化，因而评价的结果不够客观、准确，

影响了体育教学的进一步发展以及学生的全面发展。而“以人为本”体育教学思想要求学校在开展体育教学评价时，必须运用多样化的评价方式，而且要尽可能地保证评价内容的多元性与全面性，从而能够发现学生的运动潜能，帮助学生建立学习体育的自信心，确保每一个学生都能在体育学习中有所收获，有所提高。

2.“健康第一”体育教学思想

“健康第一”体育教学思想的提出及其对体育课程和教学改革的指导，说明体育要面向生活，面向人的健康和幸福生活，面向终身体育。

要想在体育教学中运用“健康第一”体育教学思想时获得良好的成效，必须做好以下三个方面的工作。

(1) 重视培养学生的体育兴趣。在体育教学中，贯彻“健康第一”体育教学思想。要想实现体育教学的目标，推进体育教学改革，最为重要的一点就是培养学生的体育学习兴趣。大多数学生对体育运动表现出浓厚的兴趣，而对体育课却兴趣不大，这有体育教师的问题、理论引导的问题，也有教学改革的问题。此外，自发的兴趣每个人都有，自觉的兴趣却不一定，所以体育教师要重视引导学生的自发兴趣。

(2) 重视对体育教学方法的改革。对传统体育教学的教学方法进行分析发现，其主要采用的是“刺激—反应—再刺激—再反应”的模式，目的是让学生在体育考试中能够达标，但对体育是否能促进学生的全面发展则未给予足够重视。事实上，体育教学最主要的目的是促进学生的全面发展，包括增强学生的体质、丰富学生的体育理论知识、提高学生的体育运动技能、培养学生良好的体育锻炼习惯、提升学生的思想品质和意志品质等。基于此，在开展体育教学时，必须积极探索更为科学的体育教学方法，以确保体育教学目的的实现。

(3) 切实落实学生体质健康标准。在开展体育教学时，只有严格遵守健康标准，才能真正达到增强学生健康的目的，从而使学生终身健康的意识和行为得到升华。

3. 终身体育教学思想

终身体育是终身教育的一个重要组成部分，它是指人的一生中都要进行身体锻炼和接受体育教育与指导。终身体育思想的终身性是指，在以终身体育教学思想为指导开展体育教学时，必须根据个体的生长发育、发展和衰退的规律和阶段性特征引导其进行科学的身体锻炼，形成终身锻炼的思想，以便能够终身受益。

要想在体育教学中运用终身体育教学思想时获得良好的成效，需要做好以下四个方面的工作。

(1) 积极培养学生的终身体育意识。在体育教学中运用终身体育教学思想

时，必须重视培养学生的终身体育意识。为此，要端正学生的体育学习态度，使他们建立正确的体育学习目标，形成长远的、持久的学习动机；要培养学生的体育锻炼习惯，并引导学生将其延伸到校园生活以外；要培养学生的体育素质，以健身为目标，将素质、技能、知识、能力等教育内容渗透到学生终身体育意识中。

（2）丰富和拓展体育教学的内容。丰富和拓展体育教学的内容，对于培养学生的终身体育观念有着重要作用。具体来说，体育教学内容的丰富和拓展能够使学生对体育运动保持较高的兴趣，从而更加积极、主动地参与体育教学活动。这对学生终身体育意识的养成十分有利。

（3）积极引导学生将自我发展与社会需要有机融合。终身体育着眼于人们不同的年龄阶段、不同的生活环境、不同的职业特点选择相应的锻炼方法和内容，进行不同形式的身体锻炼。而体育教学为学生提供了一个良好的参与体育的契机，指导其参与体育锻炼，以便其进入社会后能更好地适应社会。因此，终身体育不仅要促进学生在学校的发展，还应充分考虑社会发展对学生未来的发展需求，这就要求体育教学应重视学生的当前发展和长远发展。在开展体育教学的过程中，必须积极引导学生将自我发展与社会需要有机融合。

（4）重视提升体育教师的综合素质水平。终身体育教学思想能否在体育教学中得到有效的运用，与体育教师的综合素质水平有着密切的关系。因此，必须重视提升体育教师的综合素质水平，确保体育教师能够不断提高其教学质量。

4. 创新教学思想

21 世纪是知识经济的时代，这种经济以不断创新的知识为主要基础，它依靠发现、发明、研究和创新，是在知识的传播、转化和应用的基础上建立起来的，是一种高度智力化的经济，其核心在于创新。这一切又深深扎根于教育之上，实施创新教育就是时代的呼唤。此外，迎接世界科技发展的挑战，实现民族的伟大复兴，关键在于人才，人才竞争的关键又在于教育，因此教育的种种不适应必须进行改革、创新、调整，这是素质教育思想的根本所在。也就是说，我国要推进教育改革，必须要遵循创新的教学思想。

要想在体育教学中运用创新教学思想时获得良好的成效，必须重视培养学生的创新能力，需要做好以下四个方面的工作。

（1）充分尊重学生在体育教学中的主体地位。体育教学应在尊重教师主导性的同时，充分发挥学生的主体地位，这就要求体育教学要以学生为本。以学生为本要求体育教师激发学生的求知欲，调动学生自学的积极性，尊重学生的主动性，让学生能够自由地茁壮成长。

（2）借助灵活多变的教学方式增强学生参与体育运动的兴趣。与文化课相比，体育课呈现出一些特点，即形象、直观、生动、富有趣味性。此外，体育教学课堂是比较灵活的，体育教师可以根据课堂教学的实际情况，借助于游戏、比赛等形式丰富教学内容，同时促进学生积极主动地参与课堂教学。因此，体育教学的方法绝不能是单一的、固定的，必须要具有多样性和变化性。

（3）积极鼓励学生进行创新。在开展体育教学活动时，体育教师要鼓励并引导学生用新的思维对已经学过的体育知识和体育技能等进行重新审视，不断优化体育知识结构，完善体育技能，形成新的认知理论和认知方法。

（4）培养学生的创造力并将其延伸到课堂之外。一节体育课的时间是有限的，仅仅依靠课堂教学对学生的创造能力进行培养是完全不够的。与课堂时间相比，课外时间不仅多很多，而且有着更为广阔的空间供学生进行实践。因此，体育教师必须充分利用课外的空间和时间培养学生的创造力，这有利于学生终身体育意识的建立。

三、体育教学环境及其优化

环境对社会和个体的发展有着重要影响。环境包括自然环境、社会环境等，不同的环境对人的影响各不相同。教学环境作为环境的一种，是顺利开展教育活动的重要场所，它由多种不同要素构成。每个学科的教学环境都与其学科特点有着密切关联。体育教学环境作为教学环境之一，是一种特殊的人类生存环境，对人类身心健康的发展具有一定影响。在良好的体育教学环境中，教师能够更好地开展体育教学活动，学生也能够利用体育环境的优势，提高自己的体育学习能力。体育教学环境是一种活动空间领域，具有复杂性和多样性，需要充分考虑各种客观条件。

体育学科与其他学科不同，上课的场所是其中之一。体育教育活动的场所一般在室外，也有少数在室内，需要学生积极参与实践活动。对于体育学科而言，各种相应的教育硬件设施是开展体育教学活动的必备条件。除此之外，体育教学环境还需要一定的学习氛围，需要有良好的师生关系、班风和校风等要素。体育教学环境主要包括物质层面和人文层面的环境。对于前者，体育教育需要有一定的场所帮助学生开展体育活动，进行身体锻炼，此外，还需要相应的体育设备器械；对于后者，主要针对人文方面的要素，教师需要积极营造良好的体育教学氛围，科学合理地安排教学内容和时间，激发和调动学生的积极性和主动性，让学生能够自觉参与体育教学活动。综上所述，体育教学环境是影响体育教学活动范围和效果的各种环境因素的总称。

（一）体育教学环境的特性

实践证明，体育教学环境在体育教学活动中具有重要意义，是体育教学活动必不可少的基础。与其他学科教学活动相比，体育教学环境对教学活动产生的影响更直接、更明显、更复杂，体育教学环境是师生教学活动的舞台，如若缺失，师生的教与学将会失去依托，失去基本立足点。

从表面上看，体育教学环境是影响体育教学活动的外部因素，实际上却以其特有的影响力，维持、干预着体育教学活动进程，而且系统地影响体育教学活动的效果。体育教学环境之所以在体育教学活动中发挥着巨大作用，主要是由其特性决定的。

（1）复杂性。体育教学环境有别于其他学科教学环境，影响体育教学环境的要素更多、更复杂，主要是由于体育教学大多数情况下是在室外更为开阔的空间里进行。空间的开放性决定了教学环境的复杂性。体育教学不仅受到各种硬件条件的影响，还受到地理条件、气候条件、师生关系、校园体育文化氛围等因素的影响，这体现了体育教学环境的复杂性。

（2）动态性。体育教学环境是按照一定的教学目标和需要，专门设计和组织起来的一种多维度、开放式、全天候的动态变化环境，这一特殊因素是经过一定的论证、选择、提炼和加工后产生的。因而，体育教学环境比其他学科的教学环境更易集中、相一致，且系统地发挥作用，对体育教学有着重要影响。

（3）可控性。体育教学环境能够随时随地被调控。在体育教学活动中，教师可依照不同的教学环境和教学活动需求及时调控教学环境，避免出现消极因素，让更多积极因素促进学生身心健康的发展，让体育教学环境给教学活动带来更多推动力。

（二）体育教学环境的类型

体育教学环境是一个复杂的系统，系统内部各种因素相互制约、相互影响，在体育教学过程中产生相应影响。因此，只有正确划分体育教学环境系统，才能更好地探索体育教学系统，合理优化影响体育教学的环境因素，以实现其可持续发展。可依照不同的分类标准对体育教学环境进行分类。

（1）内环境与外环境。根据对体育教学影响方式的不同，体育教学环境可分为内环境和外环境。内环境是指对体育教学主体产生直接作用的环境因素，如教学内容（教材）、教师与学生、场地器材等，这些因素都是制约体育教学发展的内在因素。外环境是指对体育教学主体产生间接影响的各种因素，这些因素是体育教学发展的外部条件。外环境涉及的范围较广，如地理自然条件、天气气候、社会体育氛围等。外环境与内环境相互影响、相互作用。

（2）宏观体育教学环境、中观体育教学环境与微观体育教学环境。按照体育教学空间范围的大小，体育教学环境可分为宏观体育教学环境、中观体育教学环境和微观体育教学环境。宏观体育教学环境是指在体育教学活动操作过程中，主、客体所处范围空间内对体育教学活动产生影响的环境因素。这里所说的体育教学活动范围空间，可以是整个国家、省、地区或学校教育所在地等。一般情况下，宏观体育教学环境多指全国的体育教学环境或整个社会体育教学环境。中观体育教学环境是指在体育教学活动操作过程中，主、客体所处范围相对较大的空间内对体育教学产生影响的各种环境因素。中观体育教学环境较宏观体育教学环境的空间范围小，但比微观体育教学环境的空间范围大。一般情况下，中观体育教学环境多指某个教学单位内的体育教学环境。微观体育教学环境是指在体育教学活动操作过程中，主、客体所处范围相对较小的空间内对体育教学产生影响的各种因素的总和。微观体育教学环境是相对于宏观体育教学环境、中观体育教学环境而言的。在这里，微观体育教学环境多指班级课堂的体育教学环境。

（3）显性体育教学环境与隐性体育教学环境。按照体育教学环境的表现方式，体育教学环境可以分为显性体育教学环境与隐性体育教学环境两种。显性体育教学环境主要是指以物质形态呈现的环境要素，如在体育教学过程中出现的场地、器材、设备、运动项目、自然和社会中用于教学的实物等。隐性体育教学环境主要指精神和意识层面、看不见也摸不着的环境。虽然隐性体育教学环境隐含在体育教学过程中，但是对体育教学有着重要影响，甚至直接影响体育教学效果。如师生之间的关系、班级学习氛围、校园体育文化气氛等，都会对体育教学产生潜移默化的作用。

（4）自然环境与社会环境。按照存在形态，可以将体育教学环境分为自然环境与社会环境。自然环境是指与教学主体相互联系、相互制约、相互作用的一切自然条件，如高山、河流、草地、树木、阳光、空气等。这里所说的自然环境，并不是广阔无垠的自然界，而是指与体育教学产生关联的自然环境，如对体育教学的内容、范围和效果产生直接影响的阳光、空气等。社会环境指与体育教学主体相互联系、相互制约、相互作用的一切社会条件、社会现象、经济条件和人文条件。例如，体育教学过程中需要遵循的政策法规以及对体育教学过程产生影响的社会体育氛围等。

（5）硬环境与软环境。按照性质，可以将体育教学环境分为硬环境与软环境。硬环境是指对体育教学过程发展产生影响的物质要素的总和。硬环境包括三大要素：①体育实物性要素，如体育场馆、体育设施、体育器材等；②体育组织性要素，如班级、俱乐部、兴趣小组、体育社团等；③体育可物化要素，如体育教学经费等。软环境是指对体育教学过程发展产生影响的精神要素的综合。软环境包括人文环境、制度环境、政策环境等，同样包括三大要素：①制度文化要素，如体育教学需要遵循的基本文件（以前的教学大纲、现在的新课标）；②思想观念要素，如教师的专业素养、学生对体育的价值认识等；③心理要素，如师生关系、人际交往方式等。

综上所述，根据不同的分类标准，可以将体育教学环境分为不同种类。在这些分类中，种类与种类之间并没有明显界线，某一种分类内容可能包含另一种分类内容，这些内容对体育教学环境的分类整理，促使体育教学科学化、系统化具有重要意义。

（三）体育教学环境的管理

体育教学环境大多是人工环境，涉及人工环境必然会牵涉到人工投入与产出之间的问题。如何达到投入与产出最优化，则涉及体育教学环境的管理。

1. 体育教学环境管理的本质

管理是指在一定环境和背景下，对组织所拥有的资源进行合理的计划、组织、领导和控制，以便实现既定的组织目标的过程。在管理活动中，管理者是活动过程的指挥者和引导者，通过激发和释放人们的潜能，创造最大的价值。管理的任务是设计和维持一种环境，让人们能够在一定环境中用尽可能少的投入获得最大的效用，最终实现目标。

首先，管理是一种有针对性的活动，管理活动的开展主要是为了实现既定目标，管理的整个过程都是为了实现目标而进行的，因此管理具有一定的目的性。管理活动是一种有意识和目的性的活动，参与管理过程的所有人员采取的行为都是管理活动的一部分。作为一种有组织的活动，管理活动与组织有着密切联系，是组织发展的关键，也是组织开展活动必不可少的要素。管理活动具有明确的目的性和普遍性，也反映出一定阶级性和时代性。为了实现某一个特定目标，管理者会有意识地开展活动，在管理过程中，不同的管理环节之间相辅相成，都是为了实现管理目标。因此，管理是有目的的过程。

其次，管理活动必须有人的参与。管理者是管理活动的指挥者和领导者，而管理对象是管理活动的承受者。在管理过程中，管理对象包括人、物、资金、信息、时间、关系等各方面资源，管理者通过合理规划和使用各类资源，开展管理活动，以实现管理目标。然而，管理资源并不是现成的，很多资源需要管理者开发。管理者需要按照一定的程序，通过运用各种管理职能，发挥各项职能作用，积极开发和利用组织所能利用的各种物化资源和非物化资源。为了发挥各种管理资源的最大效用，管理者必须采取正确的措施，通过科学有效的管理，才能在最大限度地发挥管理职能作用的基础上，更好地完成管理任务，实现组织的目标。

最后，管理活动是组织的必要条件。管理活动的开展需要有一定的管理环境，这也是组织生存和发展的重要基础，管理环境主要包括外部环境和内部环境。管理环境是否良好能够影响组织绩效，管理环境的特点对管理活动的内容和开展有着重要影响，管理的内容、方式、结构等都需要根据管理环境进行一定的调整。

管理环境是组织之外客观存在的各种影响因素的总和，不以组织的意志为转移，是组织管理活动的重要影响因素，不同的管理环境会对组织产生不同的影响。在社会环境中，组织面临许多发展情况，组织活动的开展必须以客观的社会环境为基础。社会环境能够促进组织的发展，也能在一定程度上对组织的发展起到制约作用。因此，管理活动的开展必须研究分析管理环境，要适应环境的发展变化，掌握其发展规律。此外，管理活动的内容也是重要部分，是通过计划、组织等各项管理职能开展管理活动的动态过程。

根据管理的含义，体育教学环境管理是指，教学单位为最大限度地发挥体育教学环境的效应，充分挖掘体育教学环境潜能，实现体育教学目标，而对体育教学环境进行计划、组织、指挥、控制、协调等一系列活动的总称。

2. 体育教学环境管理的特征

（1）体育教学环境管理的双重性。所谓体育教学环境管理的双重性，是指体育教学环境管理的自然属性和社会属性。双重性从一般管理的特点引申而来。体育教学环境管理的自然属性是指具有严格的科学性，要求在体育教学环境管理过程中必须严格遵循体育教学环境作用的客观规律。鉴于体育教学管理客体的多质性，还必须借鉴其他学科的管理理论、方法与经验。

体育教学环境管理的社会属性，首先是指与社会制度、社会经济、社会文化科学技术等方面紧密联系，具有一定的社会属性；其次，体育教学是一种特殊的人类教学活动，这种教学活动的存在与发展和社会发展紧密相连。

（2）体育教学环境管理的多质性。体育教学环境管理的多质性是指管理对象的多质性。这是因为：首先，构成体育教学环境的因素有很多，各因素的性质各不相同；其次，体育教学环境管理属于多层异质管理，体育教学环境管理的主体和客体都不是唯一的，体育教学环境管理的主、客体之间的关系和管理的任务及方法各不相同。

（3）体育教学环境管理的综合性。体育教学环境管理是一个包含多种管理要素，各要素之间相互制约的多结构、多层次的复杂过程。体育教学环境管理的综合性决定了体育教学环境管理在理论形态上，既属于体育教学论，也属于管理学范畴。现代兴起的控制论、信息论以及系统论等观点，对体育教学环境管理具有重要的指导意义。

3. 体育教学环境管理的主要职能

一般来说，体育教学环境管理的职能具体有计划、组织、指挥、控制与协调。

（1）计划职能。计划是指工作或行动前预先拟定的具体内容和步骤。计划职能是通过周密的调查研究预测未来，确立目标和方针，制定和选择行动方案，综合平衡，做出决策。计划内容既反映了管理目标的各项指标，又规定了实现目标的方法、手段和途径。计划的主体是人，计划是人完成任务、进行各项活动的依据。

在体育教学中如何实现体育教学环境管理的计划职能，主要表现在三个方面：其一，教师根据教学单位、职能部门的相关政策、法规以及整体发展步骤，确立一个切实可行的合理的目标，然后根据目标相互协调、相互配合，将近期目标与长期目标结合起来；其二，根据系统目标，处理整体发展与局部改造之间的关系，在整体上实现横向与纵向统筹兼顾；其三，教师根据教学目标的具体要求，预先合理利用环境为体育教学所用，并且做到对体育教学环境的管理与利用切实可行。

（2）组织职能。组织职能是指把管理要素按照教学目标的要求结合成一个整体，使之为体育教学服务。实现体育教学环境管理中的组织职能，依赖于两个方面：其一，在宏观上，根据管理目标，合理设置机构，建立管理体制，确定各个管理职能的具体职责，合理选择和配备管理人员，建立系统有效的管理；其二，在体育教学目标的统领下，根据每个时期体育教学目标的要求，合理组织人力、物力、财力，保证整个体育教学环境为体育教学服务，以获得最佳的体育教学效果。

（3）指挥职能。指挥职能指的是法令调度。指挥职能是运用体育教学环境功能，按照教学目标的要求，把各方面的任务统领起来，形成体育教学的有效整体。体育教学环境是根据教学目标设置运用的各种因素的结合。这种结合不是随意地结合，也不是杂乱无章地结合，而是根据教学目标进行设置，也就是要为教学目标服务。体育教学不能脱离体育教学环境，而是应该根据体育教学环境，为体育教学目标服务。

（4）控制职能。体育教学环境管理中的控制职能，是指监督和检查体育教学情况，及时发现问题，采取干预措施，纠正偏差，以保证顺利实现体育教学目标。体育教学目标依赖于体育教学环境，而实现体育教学目标的环境在整个体育教学环境中是有限的，一旦超出体育教学环境，体育教学目标将扩大、延伸，这会与预先制定的体育教学目标相悖。因此，需要根据体育教学环境的自身功能，为体育教学目标服务。一旦发现问题，应及时采取有效措施进行纠正。

（5）协调职能。体育教学环境管理还具有协调职能，这是体育教学环境管理过程中带有综合性和整体性的一种职能。其目的在于保持体育教学环境本身所具备的功能与优势，以确保完成体育教学目标。体育教学环境的管理是一项系统的工程，其中涉及许多相关职能部门，只有各部门间相互协调好各种关系，才能创造出合理、优化的体育教学环境。

体育教学环境管理中的协调职能还指在具体的体育教学目标实现过程中，

体育教学环境是实现体育教学目标的依托，是实现体育教学目标不可或缺的因素。在实现体育教学目标的过程中，体育教学环境管理要协同教学、协调学生共同完成具体的体育教学目标。

（四）体育教学环境的设计原则

体育教学的空间和取得的效果，都会受到体育教学环境的影响。因此，在体育教学论中，如何让体育教学环境因素帮助体育实现教学，是一个值得研究的课题。体育教学环境的设计是营造良好学习氛围的重要基础，教学环境不仅要结合体育学科的特点进行科学设计，还需要考虑学生的心理和个性因素。因此，体育教学环境的设计原则主要有以下五项。

（1）教育化原则。教学环境的设计是为了给学生提供良好的学习环境，提高教学质量，因此教学环境设计必须遵循教育化原则。学校是教学的主要场所，也是教学环境设计的对象，教学环境是有限的，因此，在设计教学环境过程中，要合理规划，合理地利用学校的每个角落，使其成为教育场所，让学生在学校的各个角落都能够感受到学习氛围。同时，教学环境能够在潜移默化中发挥一定的教育功能，影响课堂的教学气氛。因此，良好的教学环境会激发学生学习的热情。

（2）自然化原则。教学环境除需要考虑教学功能以外，还要考虑学生的心理活动和个性特征。在当代，学生对大自然的了解，大部分局限于书本知识，为了让学生更加贴近大自然，在设计教学环境时需要融入自然景观元素，让学生能够在学习之余感受大自然，学会爱护大自然，这也有利于学生的身体和心理健康。

（3）人性化原则。教学环境设计的目的是让学生有一个良好的学习环境，因此需要从学生的角度考虑，遵循人性化原则，满足学生要求，打造让学生感到舒适的教学环境。

（4）社区化原则。校园是一个大的集体，是学生学习和生活的主要场所，是社区系统的重要部分，因此学校与社区环境密切相关，社区的发展也会对教学环境产生一定的影响。学校教育与社区环境的脱离，不利于双方发展，学校教学设施不能孤立于周围的社区环境，学校服务的对象不仅包括在校学生，还包括社区中的所有公民。因此，学校与社区要相互配合，共享资源，学校为社区提供一定服务，教学环境的设计需要考虑当地的社区环境，而社区需要为学生提供相应的帮助，社区环境的营造也需要考虑教育功能。因此，学校与社区之间应加强联系与互动，共同发展。

（5）整体化与协调化原则。教学环境对教学效果有重要影响。不同的教学环境对学生学习的积极性有不同影响，设计教学环境需要充分考虑教学活动所涉及的各个方面，对此需要遵循整体化与协调化原则，要有全局性的观念。在教学环境设计中，学校和教师是决策的主体，学校领导和教师要从教学的各个方面进行分析和规划，综合考虑各种影响因素，使各个因素能够相互协调，共同构成良好的教学环境。

影响教学环境设计的因素，有人为的，也有非人为的；有无形的，也有有形的；有主观的，也有客观的。为了科学合理地设计教学环境，学校的领导和教师需要做到全面调控，从学生的生活、学习等方面进行分析，如学生与学生之间及师生之间的人际关系、学习环境、教室构造、班风和校风等，在教学环境设计过程中综合考虑这些因素，并进行合理设计。只有当这些因素协调一致时，教学环境才会发挥积极作用。

（五）体育教学环境的优化

1. 自然环境的优化

（1）自然环境对体育教学产生的影响。空气、阳光、高山、海洋、树木、花朵、雨雪等都属于自然环境，体育教学活动会受到这些因素的影响。因此，室内体育教学要保证空气流通。如果运动所处的环境炎热且空气流通不畅，则人会出现疲劳感加重、心率加快、呼吸加快和耐力差等现象，导致学生失去学习兴趣，进而对体育教学产生负面影响。

（2）改善自然环境，使其为体育教学所用。通常情况下，自然环境会由于所处地区不同而产生差异性，学校所处的自然环境不同，其优势和特点也不相同。学校可将这些优势发挥到最大，以弥补和减少自然环境中的缺陷，从而改变体育教学环境。例如，北方冬季冰雪较大，体育教学可以选择冰上或雪上运动；山区学校没有较大的平地面积，可以选择越野或登山运动；学校靠近海边或湖边，体育运动可以增加水上项目。

要致力于改善体育教学的自然环境，增加室内场馆和风雨操场，减少高温和风雨对体育教学的影响。同时，注意保护体育场地所处的环境，尽可能多地栽种树木和铺设草坪，绿色植物在改善体育场地空气质量、吸收有害物质的同时，还可以遮挡住炽热的阳光，在一定程度上减少噪声污染。当教师和学生处在这样的自然环境中时，会心生愉悦，感到心旷神怡。

体育教学所选的内容和方法并非一成不变，教师可依照不同的自然环境灵活挑选。例如，在寒冷的冬季，教师可相应降低运动难度，灵活选择运动方式。对此，要始终坚持以学生为中心，不追求在极致环境中进行体育锻炼，让学生爱上体育锻炼，并始终在学习过程中保持愉悦的心情。

2. 场地设施环境的优化

体育教学活动要依靠相关的设施才能更好地展开，教室、体育场馆、运动器材和操场等都属于体育教学设施，这些设施在一定程度上影响体育教学，而体育教学环境也必须包括体育教学设施。体育教学活动选择的内容和达到的水平都会受到教学设施的影响，教师和学生也会对教学设施的外观和特征产生不同的感觉。例如，体育场馆的灯光、造型、颜色和布置等，都会在一定程度上影响教学的质量和成果。

（1）合理布置体育场地和器材。合理配置体育教学设施，既会促进学生身体和心理的发展，也有利于教学，对体育教学产生推动作用，让学生从生理上和心理上易于接受，从而提高学生锻炼的兴趣，增强体质，让学生逐渐向终身体育锻炼靠拢。例如，场地器材的陈设是学生在体育课上最先看到的，如果场地整洁干净、设备齐全、环境优美有序、场地线条清楚不杂乱，会让学生迫不及待地尝试各种运动器材，提高学生学习的积极性；如果场地杂乱无章、各种设施不够整洁，会让学生从心理上产生抗拒，失去锻炼的兴趣。除此之外，体育器材在长时间使用后会有不同程度的老化或磨损，还会有螺丝松动等情况出现，这些都是潜在的安全隐患。还有些运动场地不注意维护，出现地面不平整的现象，学生在运动过程中很容易出现肌肉韧带拉伤等情况。因此，学校要优化和完善场地与器材，定期检查和保养设备，教师也应在课前认真检查相关的体育器材，做到有备无患，保证学生的安全。

（2）充分完善体育场地设施环境的照明、采光以及声音等条件。不仅要充分完善场地条件，还要考虑到采光、照明和声音等场地设施条件。室内场馆在很多时候是体育课的主场地，理论课程基本选择在室内进行。因此，体育教学活动也会受到教室内部和场馆内部采光等因素的影响。如果光线昏暗，学生就无法看清黑板上的板书和书上的文字，会直接影响知识的学习，也会对排球、乒乓球等球类运动的路线识别不清；如果光线过于强烈，就会造成球台反光现象，使学生在视觉上产生强烈刺激，无法达到应有的教学效果。

此外，安静的环境更有利于开展体育教学活动，特别要防止噪声带来的干扰，噪声环境会导致教学效果大打折扣，学生在充满噪声的环境中也会无法集中注意力，产生疲劳感，失去稳定的情绪。在大多数情况下体育课是室外课，噪声并不能完全被隔离，对此学校应该将体育教学环境变得更好，让教学尽可能不受噪声干扰。

（3）创设体育场地设施的色调环境。在体育教学活动中，周围环境的色调也会带来影响。通常情况下，心理和情感会受到各种色彩影响，看见红色和深黄色时大脑容易感到兴奋，看见浅绿色和浅蓝色时感到和谐，可以放松大脑。相较于冷色，暖色在体育教学活动中更容易让运动者感到兴奋。例如，在双杠运动中，掉漆或本色的双杠明显没有浅色漆或木纹漆的双杠受欢迎。体育设施的颜色与学生衣服的颜色，也会在一定程度上影响教学效果。

3. 人文环境的优化

在体育教学中，人文环境的构成包括体育教学过程中人的方方面面。下面着重讨论体育教学人文环境的两个方面：一是体育教学组织环境；二是体育教学心理环境。

(1) 体育教育组织环境。

第一，组织环境的构成。在这里，组织环境指校风、班风、教风、学风等，其对体育教学活动有着重要的指导意义。具体来说，是将学校看作一个完整的社会组织群体，学校内部的系部和班级是次级群体，学校由不同的组织构成，任何群体都可以将自己独特的心理活动和精神面貌在活动中展现出来。构成体育组织环境的要素之一是班级规模，它不仅会对学生的体育情感和学习动机产生影响，还会对学生的学业成绩和体育教学活动产生影响。

校风是一种有代表性的思想行为作风，全校师生都需要熟知并牢记，它起到的激励作用是内在的、隐性的。校风是学校内部产生的一种社会风气，属于集体性行为。校风属于环境因素，但不是有形的，可以在不知不觉间对体育教学活动产生一定影响。

成员在班级内部经过长时间交往所产生的相同心理倾向就是班风。班风是情感的共鸣，其形成后，学生会以班级目标为己任，将自己的目标与班级目标统一起来，并为之努力。校风是班风的基础，勤奋刻苦、热爱劳动、热爱班级、尊师爱友、遵守纪律、团结同学和讲究卫生等都是良好的班风。

学校的体育校风既可以影响学生的体育能力，也可以影响学生的体育意识。感化、陶冶、促进、暗示和启发等育人机制，可以让教风在不知不觉中促使学生的体育意识和体育能力进步。

集体舆论可以在积极乐观的学风下，向更好的方向发展，学生的情感、行为和认识也会受到鼓励、陶冶和感染。而在不健康的风气下，集体中的成员会精神散漫，失去对体育学习的积极性，导致教学失去应有效果，对课后锻炼产生懒惰心理，不会主动参与学校组织的任何活动。

第二，体育组织环境的创设。灵活编排组合队形模式。在课堂活动中，教师和学生会受到队列编排的影响。以信息交流为例，在体育教学中，队形的编排不仅会对信息交流的范围产生影响，还会影响交流的方式。在室外课中，体育基本采用横排队形，教师直接面对学生，此种单向信息传递模式有利于教师将信息传递给学生。双向信息传递模式是单向信息传递模式的进阶版，虽然使信息在师生之间得到良好的传递，却让信息在学生和学生之间的交流受到阻碍，不利于学生交往。

若学校内的整体气氛是温暖、积极、文明、向上的，则有利于学生个人成长，让学生养成积极向上、勤勉好学的习惯，这样的校风无论是对学生的成绩，还是对其性格塑造，都具有积极意义。良好的体育校风除促进师生勤勉外，还有助于改变师生思想意识，使学生养成自主锻炼的体育意识，并形成良好的体育习惯。

（2）体育教学心理环境。

学校体育教学是否成功，除体育教师的资历、学生自身的身体素质等客观因素外，心理环境也是影响教学成功的一大因素。基于此，针对校园体育文化氛围、师生关系等方面，阐述心理环境对学校体育教学的深远影响。

第一，学校体育文化。文化最初起源于社会文明的发展和人类自身经济水平的提升，是民族文明的象征，校园体育文化也是如此。文化冲击是把双刃剑，有积极、健康的影响，也有负面的影响，学生受到负面文化的侵蚀后，会出现消极颓废、无所事事、散漫懒惰的思想情绪。为此，要改善现有的文化环境，学校的高层管理人员和体育教师必须做好模范带头作用，为学生树立正确的思想意识，并引导、启发学生，摒弃不良思想，学习先进的思想文化。校园体育文化是一个大融合的开放系统，同时接受校园文化和社会文化。学校在体育教学中，应向学生灌输正确的体育思想意识，开阔学生的体育视野，为营造良好的体育文化氛围奠定基础。

第二，课堂气氛。课堂气氛又称为心理气氛，主要是学生在课堂上的情绪反馈。课堂气氛由师生之间互动产生，包括人为因素（师生关系）、物理因素（课堂环境）、心理因素（学生上课的情绪波动）等，课堂气氛是以上诸多因素共同作用的结果。因此，要营造一个良好的课堂气氛，需要教师和学生共同努力。在学校体育教学中，教师是主导因素，把控学生的学习进度和知识获取量，对带动课堂气氛至关重要。教师在课堂教学中，首先，要为学生营造一种良好的学习氛围，积极调动学生的主观能动性，站在学生的角度思考问题，鼓励学生提出异议；针对学生的反馈情况，及时调整教学计划。课堂中自由讨论环节，要充分尊重学生，重视学生集体讨论的结果，为学生营造一种良好的教学氛围。其次，体育教学是一个灵活的课程教学活动，教师在课堂上有多活跃，学生就会报以多大的热情反馈。最后，体育教师要有稳定的情绪或者能控制自己的情绪，这是营造课堂气氛的重要前提。保加利亚心理学家洛扎诺夫认为，学生会因为教师自身的威信而信任、崇拜、尊敬教师，一旦从心理上接受，学生上课时也会更加积极主动。

第三，人际关系。学校体育教学中的人际关系，除师生关系之外，还有教师与教师、学生与学生之间的人际关系。错综复杂的人际关系交织在一起，构成体育教学的人际环境。由于人际环境的存在，不仅使学生产生情绪波动，还会给教师造成影响，进而影响体育教学的整体效果。因此，在体育教学中，要处理好各种人际关系，才能营造一个良好的课堂氛围，保障教学质量。

第二节　体育教学的方法与原则

体育教学方法是指在体育教学过程中教师指导学生学习体育教学内容，以达到体育教学目的，它是由一整套体育教学方式组成的操作策略。

随着现代体育教学理论与实践研究的不断深入，新的有效的体育教学方法不断被开发与利用，教师能否依据教学的实际情况，正确、合理、有效地选择教学方法，是影响体育教学质量与效果的一个关键问题。

一、体育教学的方法

（一）体育教学方法的分类依据

体育教学方法是体育教学中的一个重要范畴，是提高教学效益的关键所在。新的教学思想、教学观念，新的教材和教学目标必然要有与之相适应和配套的教学方法，因此需要从实践、理论研究中创新教学方法，同时需要对其进行分类研究。

体育教学方法体系的建立必须充分考虑分类的逻辑基础问题，这是众多学者多年来通过不断深入研究得出的结论。分类的逻辑基础问题对研究结果的科学性和实用价值具有较大影响。下面将从分类标准的确定和分类框架的构建两方面，对体育教学方法分类的逻辑基础进行分析。

1. 确定分类标准

经过不断发展和演变，体育教学方法已经成为一个庞大而复杂的系统。每一个系统都被分为若干层次，最简单的系统由两个层次组成，即系统整体层次和元素层次，元素之间在没有中间层次整合的情况下，可以通过相互作用直接体现整体性；复杂的系统则不能由元素层次一次性体现出整体性质，而是需要中间层次的整合。从元素开始，由低到高，形成一个个新的层次，通过逐步整合与发展，最终形成整个系统的整体层次。

体育教学方法以系统的层次性为依据，将教学方法系统内部各要素按照联系和作用方式进行组织，从而使系统成为一个有机整体，避免元素堆积的情况出现。所以，要明确体育教学方法的外延，需要根据系统内部要素属性的区别进行要素分类，而不需要一一列举体育教学方法概念所表示的各要素。

在体育教学方法系统内，每个元素都可以按照不同的分类标准，从属于不同的逻辑联系和序列，每一个序列都各自构成一种体系。这个体系是否科学、体系中的各种体育教学方法能否彼此区分，在很大程度上取决于分类标准的科学性。所以，确定统一的分类标准是分类得以进行的前提。

2. 构建分类框架

对体育教学方法进行分类有两个目的：其一，为了满足理论科学化的需要；其二，能够更好地为体育教学实践服务，为教师选择教学方法并运用到实际教学中提供方便。体育教学方法众多，基本源于教学实践，方法之间的联系不能自动呈现。因此，要揭示体育教学方法之间的联系，必须具有分类框架，对此可以提出一种假设，然后通过实践检验其是否合适。

就目前体育教学方法分类研究的情况来看，主要有三种分类框架：

（1）实用性分类框架。根据教学任务要求，将体育教学方法分为体育教学中的教育方法，传授知识、技巧和技能的教学方法，体育教学中的锻炼方法，等等。

（2）现象性分类框架。把体育教学方法分为教师的指导法和学生的学习法等。

（3）实质性分类框架。把体育教学方法系统分为体育教学思维方法系统、体育一般教学方法系统、体育各项目教学方法系统、各技术动作教学方法系统、各技术细节教学方法系统等。

在三种分类框架中，从研究事物的本质和特点角度来看，实质性分类框架最具优势，其次是现象性分类框架，最后是实用性分类框架。如何选择分类框架主要取决于分类研究的目的，需要根据目的确定选择与构造的角度。通过对体育教学方法实施分类，既能揭示其本质，又能从实际应用的角度对体育教学方法起到一定的指导作用。因此，在建构体育教学方法分类体系时，需要综合使用实用性分类框架和实质性分类框架。此外，在分类框架构造过程中，还要充分考虑逻辑性与包容性问题，从而使体育教学方法分类体系更加科学化。

（二）体育教学方法的选择及其优化

1. 体育教学方法的选择与实践

（1）体育教学方法的选择要求。

1）牢记创新教育思想的目的。素质教育系统的建立离不开教学创新，课程改革也需要创新元素的加入，教学创新的目的是提升学生的综合素质。教学方法的创新改革需要教师和学生共同努力，首先要帮助学生在思想上创建创新意识；其次将创新意识付诸实践，继而通过创新目标提高学生的学习能力；最后将创新意识完整融入学习中。教育创新改革不仅对提高学生的学习兴趣以及创建新型教学模式有重大意义，而且对我国体育教学的改革工作起到非常关键的作用。

2）明确教师角色转变的意图。随着新课程体系的改革，教师综合素质的提升也是重中之重，同时需要对教师角色做出相应的改变和调整，要求教师逐渐适应新的课程体系，并且扮演多种教学角色。

相较于传统体系，新课程下的教师体系存在四个较为显著的变化。首先，教师角色由传道者变为学生的合作者；其次，在传统教学中教师主要起到教学指导作用，而在新体系下教师要成为鼓励学生创新学习的先行者；再次，教师对课程改革的参与程度正在不断加强和拓展；最后，教师越来越关注学生的自我学习，并且和学生共同成长与进步。

3）提升教学技能的艺术品位。教学模式的创新发展离不开传统教学技术中的优势因素，教学发展也离不开改革创新，教学技能创新是教学理念不断发展的基础。当前，对如何将传统教学方法中的精华与现代化的教学技术相结合，是我国教育行业的主要调研方向。教学技能改革的核心思想是提升技能水平，保证体育教学技能的艺术性，这也是未来现代教学研究的主要方向。

4）设计贴近生活的教学内容。学生在步入社会前需要具备一定的社会适应能力，具备一定的社会生存基础，而体育活动恰恰能够帮助学生提高社会适应能力，学生在参与体育学习中要以此制定相对有效的学习方法，诸如生活中随处可用到的“跑、跳、投”等。此外，学习体育运动的目的不仅是锻炼身体，更为重要的是增强学生的自我保护意识。

5）为学生搭建展示自我的平台。为了能够让学生更好、更快地融入体育教学中，教育部门和教师需要为学生搭建展示自我的平台。该平台可以多方面展示学生在体育方面的优势和能力，不仅有助于提高学生的主观意识，还能够帮助学生建立良好的自信心和成就感。通过平台的成功展示，学生的斗志被激发，同时形成不断向上的动力和学习力，对于体育教学工作的开展很有必要。

（2）体育教学方法的实践要求。

第一，注重体育教学的整体性。任何体育教学方法都有其独特性和功能，相应地，也有其弊端。此处所指的弊端主要是针对各种体育教学方法的局限性而言，所以教师应当站在整体的角度审视各种体育教学方法的实际应用，才能保证整体教学体系的有序展开。

第二，注重体育教学的启发性。教学方法的实际应用对象是学生，帮助学生建立主观意识很重要。因此，教师应当在体育教学中积极营造学生的自学氛围，激发学生的主观能动性，帮助学生建立主体地位，同时有侧重地培养学生的创新意识，学生只有建立浓厚的学习兴趣，才能使体育教学顺利开展。

第三，注重体育教学的灵活性。体育教学体系中除理论教学之外，更多的是动态教学。动态教学旨在培养学生的运动能力，教师在制定教学方法时，应当对教学目标和教学的实际内容进行灵活掌握，并且采用创造性思维模式进行补充和延续。

2. 体育教学方法的优化与创新

（1）体育教学方法的优化。体育教学水平的提升需要依靠教学课程以及教学方法的不断创新和优化。体育教师作为体育教学的主要组成部分，起到至关重要的作用。如何积极有效地对教学方法进行科学优化，成为当前阶段提升教学质量的主要课题。

科学优化体育教学方法需要从以下四个方面入手。

第一，教学目标的重要作用。教学目标是影响体育教学实际效果的先决因素，不同的课时目标以及阶段目标对体育教学的发展方向有着深刻的指导意义，而体育教学方法的科学选取也需要依靠有效的教学目标进行界定。

第二，教材内容的选取。不同的教材内容有着不同的形式和特点，通常需要充分考量教学内容的性质和特点，开发出合适的体育教学方法。

第三，切实掌握学生的特质和能力。体育教学是为学生服务的，要制定有利于学生学习和掌握的学习方法。首先要对学生的身体情况做出判断和掌握，其次对学生各个方面的能力进行综合评估，最后选取合适的教学方法。

第四，熟悉教师的综合教研能力。体育教师是进行体育教学的中坚力量，通过对教师的教研实力做出系统的考量和评估，并且根据教师的专业素质匹配合适的教学方法，能够最大限度地保证教学水平的提升。

（2）体育教学方法的创新。

1）自主学习法。自主学习法也称为主动学习法，在教学工作开展过程中，该方法旨在帮助学生建立主观学习意识，并由此制定相应的学习目标和学习内容。

自主学习的目的：首先，帮助学生建立主体地位，使学生能够享受学习带来的快乐；其次，帮助学生建立良好的学习习惯和学习方法；最后，保证学习效果的提升。

自主学习的特点：第一，自主学习能够表现出最大的独立性。这种因地制宜的学习方法是根据学生不同的学习能力而制定，是相对于不同学生而独立存在的。第二，自主学习表现出学生的主观能动性，体现在学生的自律以及自我学习，学习内容相比传统教学更加丰富。第三，自主学习展现了学生的无限创造力和模仿力，学生在自主学习中因为有着浓厚的学习兴趣，能够运用独特的思维和见识学习体育，并且能够找到最适合自己的学习方法。

自主学习的教学步骤：①需要为自主学习法制定较为明确的学习目标，该目标的制定完全依据学生的自我情况以及能力爱好而展开，学生可以自己制定满足自身需求的学习目标；②自主学习需要学生进行自我评价和自我引导，学生根据制定的学习目标审视自己的学习过程，以便从中找到不足并及时改正；③需要学生进行有效的自我调控，根据一段时间的自我学习，学生需要根据学习成果进行调整和补充，通过改变学习方法和学习目标的手段，增强自己的学习能力。

2）探究式学习法。探究式学习法主要是指教师建立互动学习的平台，通过与学生的不断沟通和探究解决学习问题。对此，教师可以设定教学情境，让学生在情境中通过学习和思考找到问题的核心和解决办法，最终通过教师的总结和学生的自述完成教学内容的学习和掌握。探究式学习法能够激发学生的学习兴趣，并且帮助学生创建创新性思维意识。

探究式学习的特点：第一，探究式学习过程中强调学生的积极参与，通过情境描述和再现，引导学生从中发现和探索；第二，探究式学习法是带着问题进行学习，通常伴随着教学情境再现的还有相关问题的存在，这些问题的产生能够调动学生的学习积极性；第三，探究式学习有较为开放的学习氛围，往往没有统一的答案，有助于提高学生采用发散性思维思考问题的能力；第四，探究式学习法特别注重教学内容的实践，通过积极的实践对问题进行探究和理解，以便学生最终掌握学习内容。

探究式学习法的注意事项：首先，对于探究式学习法中的问题设置需要慎重考虑，不宜过于复杂，过于困难可能会降低学生的学习积极性，也不能过于简单，过于简单会降低学生的学习兴趣，所以要根据学生的实际情况进行问题的设定；其次，探究式学习的目的是让学生积极参与学习，鼓励学生进行大胆创新和思维发散，对于学生在学习过程中所犯的错误应当给予理解和关心，并给予积极帮助，不要打击学生的学习积极性；再次，构建学习兴趣小组，利用小团体的集体智慧，共同解决学习过程中遇到的问题，提升学生的学习成就感；最后，探究式学习法要充分考虑各种体育运动的特点和注意事项，在保证安全的前提下帮助学生理解和掌握。

探究式学习法的教师步骤。①提出问题。教师需要了解学生已经学习与掌握的知识，并在此基础上根据所学的具体内容提出问题，问题要尽可能全面丰富，具有多种可能性。②分组讨论。教师提出问题后，将学生分成多个小组进行分组讨论，学生通过讨论提出若干假设及解决方案。③验证方案。提出假设与方案后，各组学生需要根据具体要求，在教师指导下，将提出的假设与方案运用到实践活动中进行验证。④评价提升。通过小组探究活动，对提出问题、解决问题的整个探究过程与效果进行评价，从而激发学生的学习热情，提升学生的创造性思维能力与解决问题的综合能力。

3）发现式教学法。发现式教学法也称为问题法，是一种以解决问题为中心，以青少年活跃的心理特点与好奇、好问的行为特征为出发点，使学生通过再发现进行学习，最终使学生的创造性思维得到发展的教学方法。对于学生来说，寻求人类还不知道、未见过的事物是知识发现的一部分。发现式教学法还包括学生利用自己的头脑与思想获得知识。

发现式教学法的教学步骤：①提出问题并创设问题情境，让学生在情境中思考并探索问题；②让学生通过反复练习，掌握技术动作的方法；③组织学生展开讨论，提出假设与解决方案，通过实践活动进行验证，并且对技术原理与方法进行总结，从而得出结论。

发现式教学法应注意的问题。第一，创设情境，鼓励提问。教师要做到善于通过提出问题、创设情境激发学生的探究热情，鼓励学生有提问意识，积极提出问题并寻求问题的解决方案。第二，运用已知，探求未知。特别是体育教师需要根据学生已有的知识与技能，提出恰当合理的问题。第三，利用矛盾，启迪思维。当学生的提问意识降低后，体育教师要善于激励学生，利用体育实践活动中出现的各种矛盾不断启发学生的思维，使学生的学习情绪高涨起来。第四，由简到繁，步步深入。所采取的方法应遵循由简到繁、由具体到抽象、由个别到一般的原则。第五，集中力量，突出重点。在学生发现问题、解决问题的整个过程中，教师要始终引导学生抓住问题的重点。第六，标新求异。教学过程要留下悬念，留给学生广阔的思考空间，让学生有机会继续深入探索。

二、体育教学的原则

教学原则对整个教学过程起着指导作用。教学原则是指导教学活动的出发点，教师要根据教学原则来设计整个教学过程。教学原则是实施教学的总调节器，在整个教学过程中，教师要以教学原则来调节、控制教学活动。教学原则是衡量教学质量的准则，教学质量的高低，从根本上来说就是看教学原则贯彻得如何。因此，每个教师和教学管理者都必须掌握教学原则。

教学原则是规范性的，属于主观性教学要素范畴。教学原则是在总结教学实践经验、认识教学规律的基础上制定出来的。教学原则本身依据对教学规律的正确理解来制定。因此，我们将教学原则定义为，依据一定的教学目的，以教学规律的认识为基础，并用以指导实际教学工作的基本条文。由此可见，教学原则具有规范性、时代性、理论性和多样性等特点。

体育教学原则是对体育教学实践经验及规律的概括和总结，是实施体育教学最基本的要求，是保持体育教学最基本的因素，是判断体育教学质量的基本标准。

（一）合理安排身体活动量

体育教学的特点是身体活动（或称为身体运动），因此，在体育教学中要使学生身体所承受的运动负荷有效、合理，以达到锻炼身体、掌握体育技能的需求，这就是体育教学中合理安排身体活动量的原则。

合理安排身体活动量原则是依据体育教学的本质特点和体育教学的运动负荷规律提出来的。一般来讲，运动负荷就是学生做练习时身体所承受的生理负荷量，由运动强度和运动量构成。运动强度是单位时间内身体所承受的量的大小，运动量是运动的内容、数量、时间等。在体育教学中，合理地安排身体活动量，使学生达到适宜的生理负荷量，才能在锻炼中收到效果。

一堂体育课中合理的身体活动量的安排是为实现课程教学目标而确定的，简单地讲，就是要根据课程目标、课程类型来安排不同的运动负荷。

在体育教学过程中，参与学习锻炼的学生存在个体差异，学生的体质不同、性别不同，具体到身体形态、身体机能、身体素质也会有所不同。因此，一定要根据不同学生的特点安排运动负荷。

运动负荷由运动强度和运动量构成，要使体育教学过程中学生的身体活动量适宜，就必须根据课程目标、教学内容、教学进度、教学设计等来调整运动负荷。调整方法包括调整运动强度和调整运动量两个方面。一般而言，强度大、量就小，反之，强度小、量就大，这是一般的体育教学运动负荷调整原则。在体育教学中，一般对运动量即练习的内容、练习的时间或练习的数量进行调整即可达到我们的适宜要求。

（二）注重体验运动乐趣

注重体验运动乐趣，就是在体育教学中让学生在掌握运动技能和锻炼身体的同时，体验运动带来的乐趣，使学生喜爱运动并养成运动的习惯。注重体验运动乐趣原则是依据运动中的游戏特性和体育教学中运动情感变化规律提出来的。让学生通过体育教学和运动体验到乐趣，并对此产生兴趣，是提高体育教学质量的必然。让学生在体育教学和运动中体验乐趣，是终身体育的要求，也是体育教学的目的。

（1）正确处理和对待运动中的乐趣。每个体育运动项目都有其特殊的固有乐趣，这些乐趣来自项目的运动特点和比赛特征，在教学过程中我们要正确处理和对待它。对这些乐趣不能盲目地追求，而应该从教学目标和教学手段两个层面去汲取对教学过程有用的、有积极意义和价值的乐趣。

（2）乐趣的基础是获得成功的体验。在体育教学过程中，要使学生体验成功的乐趣，就要在教学方法和教学内容的选择上加以思谋，使大多数学生有机会体验成功，而不是体验挫折。

（3）处理好体验乐趣与掌握运动技能的关系。掌握运动技能、提高身体素质是体育教学的首要目标，在体育教学中不能一味地追求趣味化而放松了运动技能的教学，从而影响教学质量。在体育教学中既要掌握运动技能，又要体验运动乐趣，使学生在体育教学中享受到体育锻炼和体育学习带来的乐趣，二者要有机地统一起来。因此，在体育教学中，应把趣味性强和教学意义强的内容作为重点；对于教学意义强但趣味性差的内容，通过教师的努力，赋予其有乐趣的因子，使教学富有趣味性。

(4) 开发多种易于学生体验乐趣的教学资源。教学资源的开发与利用对学生体验运动乐趣非常重要。教学内容的调整、练习条件的变化、场地器材的改变等都能让学生体验到运动乐趣，这需要教师根据学校现有的各种条件进行充分挖掘与整合。

(5) 体验成功不忘挫折、体验乐趣不忘磨炼。磨炼与挫折往往伴随着成功，所有的成功必须经过磨炼与挫折、失败才能得到，这是一条普遍的规律。在体育教学中我们要让学生经历这些磨炼与挫折，但要把握好一定的度，以不挫伤学生学习的积极性为限。

(三) 促进运动技能不断提高

促进学生运动技能不断提高原则，是指在体育教学中要不断提高学生的运动技能，提高学生的运动成绩，实现有效的体育教学。促进运动技能不断提高原则是依据较好地掌握运动技能，有利于参与终身体育的规律和体育教学条件下运动技能形成规律提出的。不断提高学生的运动技能是体育教学最基本的要求，是判别体育教学是否有效和高质量的标准，也是判别体育教师教学能力的标准。

(1) 正确认识运动技能的提高在体育学习中的重要意义。掌握运动技能既是体育学科“授业”之本职，也是体育学科“解惑”的重要基础，掌握运动技能是锻炼学生身体、发展学生运动素质以及体验运动乐趣和掌握体育锻炼方法的前提。体育教师要充分认识运动技能的提高在体育学习中的重要意义，认真搞好运动技能教学。

(2) 明确运动技能学习的目的，有层次地掌握运动技能。学生掌握运动技能和提高技能水平与运动员不同，主要是为了娱乐和健身。因此，体育教学中的运动技能传授要树立“健康第一”和为学生终身体育服务的思想，要围绕“较好地掌握1~2项常用的运动技能”“初步掌握多项可能参与的运动技能”“掌握基本作为锻炼身体方法的运动”“体验一些运动项目”等不同运动技能提高的目标，有层次和分门别类地让学生掌握终身体育所需要的运动技能。

(3) 钻研“学理”和“教法”，提高教学质量。让学生很好地掌握运动技能，就必须摸清运动技能掌握规律，特别是在体育教学条件下的运动技能掌握规律。体育教学的时间相对有限、学生众多、教学场地和器材有限，这些条件与运动员训练和学生自由运动的条件相差甚远。因此，我们必须研究体育教学中技能提高的途径和规律，这就是“学理”研究和根据“学理”规律的“教法”研究，这类研究的积淀是制定科学的体育课程以及提高体育教学质量的前提和保证。

(4) 创造提高运动技能的环境和条件。要让学生很好地掌握运动技能，还必须创造良好的技能学习条件。其中包括教师自身的运动技能水平和教学技能，也包括对场地器材的设置和教学环境的优化，还包括对学生集体活动的组织和开展学生的相互交流、相互评价等。

第三节 体育教学主体分析

一、体育教学中的学生

（一）学生生长发育特征

1. 波浪性特征

人体青春期的生长发育通常由两个紧密衔接的重要阶段组成，且各阶段都会经历上升—顶峰—下降的发育变化过程。同时，各阶段的发育速度也不均衡，有快有慢，具有明显的波浪性特征。因此，人体不同器官系统的发育顺序和速度也不同，一般情况下，神经系统最先发育，然后是淋巴系统，这两个系统的发育速度呈现出由快到慢的趋势。除此之外，按照发育顺序依次为运动、呼吸、心血管、泌尿、消化、生殖等系统，这些系统的发育速度则呈现出由慢到快的趋势。

综上所述，人体青春期的身体发育具有显著的阶段性、连续性、波浪性、程序性等特征，而身体发育状况与各项身体素质的发展直接相关，对其起到关键性决定作用。身体素质的发展顺序和速度也符合上述特征，呈现出有快有慢、有早有晚的趋势。

人的身体素质随着身体的生长发育而不断增长，增长速度也各有不同。速度和灵敏度的增长速度最快，最早进入稳定发展期，这主要是由神经系统的发育决定的，进入青春期后，神经系统的发育速度最快，所以速度和灵敏度自然也就增长得最快，最早达到峰值。

决定人体力量是否强劲的关键要素是肌肉细胞是否足够粗壮、肌肉的生理横切面积是否够大。而人体生长发育的程序性特征表明，人体各组织长度的发育往往比围度、宽度的发育更快，且更早达到高峰期和平稳期，也就是说，人的身高发育比体重发育早。进入青春期后，人体各组织的长度（如骨骼、身高等）优先快速生长，此时肌肉细胞细长、横切面积小，力量素质自然会比较差；当身体长度的生长速度达到高峰并开始减缓以后，各组织的围度和宽度开始进入快速生长期，肌肉细胞开始变得粗壮，横切面积不断增大，进而变得越来越有力量。由此可见，力量素质的发展是一个比较漫长的过程。

速度耐力与力量耐力的增长，必须以无氧代谢能力的增强及力量素质的增长为前提。进入青春期后，虽然身体各方面的机能都在飞速发育，新陈代谢旺盛、生物氧化迅速、氧气需求量大，但是血液中的血红蛋白与肌肉中的肌红蛋白的数量都比较小，心肺功能发育还不完善，无氧代谢能力相对较弱。因此，速度及力量方面的耐力较差、增长速度较为缓慢，在所有身体素质中发展速度最慢。

2. 不均衡性特征

青春期阶段，人体各组织的生长发育速度具有顺序性和波浪性特征，也就是说，尽管人体的所有组织部位都在发育，但发育速度有快有慢，进入稳定期的时间有先有后。这种生长发育的程序性特征具有以下三个规律。

（1）头尾规律。在人体发育的两个高峰期中，第一个高峰期是 1 岁之前，由头大、躯干长、四肢短小的新生儿快速生长为各身体组织发育平衡的孩童，这一阶段人体身高和体重飞速增长。第二个高峰期是青春期，这时人体各组织的长度（身高）快速生长，但头部发育非常缓慢。人体发育成熟后通常头部占整个身体的 12.5%，躯干短，下肢长。综合人体的全部发育过程可以发现，人体各组织的生长程度从少到多依次为头部、躯干、上肢、下肢。

（2）向心规律。通常情况下，人类 7 岁后的身体发育基本会按照从肢体远端到近端（双脚—小腿—大腿—手部—胳膊—躯干）的向心规律顺序进行生长。

（3）高重规律。人体的生长发育具有程序性，各组织长度的发育通常会比围度和宽度发育得更早，也就是说，骨骼的成长先于肌肉，人在成长过程中往往身高先增长，然后是体重增加，这也就是为什么很多青春期的孩子看起来瘦瘦高高，像缺乏营养一样。

3. 统一性特征

人类身体和心理各方面的发育具有不均衡性，但都遵循由量变到质变的转化规律。生理机能水平的高低在很大程度上取决于身体结构的发育，而人体各项素质的高低在运动能力的层面上则直接表现为身体结构及生理机能的发展水平。人体生理机能和各项素质的增长一定会伴随着心理层面的发展。这些要素之间协调统一、互促互进，具体表现在以下两个方面。

（1）身体结构、素质及生理机能三者之间的增长速度紧密相连。身体结构、生理机能的生长速度加快，则各项素质的增长速度随之加快，反之亦然；当两者进入稳定期后，身体素质也同样进入稳定期。进入青春期后，人体各项素质飞速增长，特别是女性的增速惊人，在 12 岁左右各项素质已经基本发育成熟。过了青春期，人体素质的增长速度会随着身体各项机能生长速度的减缓而减缓，当身体停止发育时，各项素质的增长也随之停止，保持长期平稳状态。

（2）身体素质与身体结构之间的发展存在某种内在关系。将人体生长发育两个高峰期中的身高、体重、胸围等关键身体结构要素与人体各项素质的发展比例放在一起，通过详细对比分析能够明确得知，第一高峰期中组织长度（身高）的增长速度要比第二高峰期的增长速度快。

（二）青少年体质现况

随着我国改革开放的不断深入，经济越来越发展，人民生活水平不断提高，青少年生长发育加速，青春期提前来到。青少年体质包括以下两个方面内容。

（1）青少年身体素质。在当今我国青少年的身高、体重、胸围加速增长的同时，青少年体质却在全面下降。如果学生的身体素质和机能出现了下降，可能会引发心理健康问题。此外，精英阶层的能力决定了中国社会在未来发展中的整体国家竞争力，许多精英阶层人物在中学时期成绩都较为优异，如果这一时期他们的身体素质较差，未来便没有好的身体去应对社会环境的激烈竞争。

（2）青少年身体形态。大量青少年进入肥胖人群，说明人们并没有进行合适的社会行为，另外，肥胖除了给人带来健康问题，还极大地浪费了社会资源。在社会发展到一定阶段后，人们一定要重视和改变生活方式和思想。过度的肥胖会给人的身体造成负荷，从而产生疾病，同时不利于心理的发展，可能还会造成经济损失，存在健康隐患。

青少年的体质影响着国家的竞争力。因此，体育的正确理解是十分重要的，体育应当受到大力推进，学生身体素质教育是学生体质健康的根本保障。

面对我国青少年体质下降这一现状，需要促进青少年健康成长，进一步加强青少年体育锻炼、增强青少年体质，这对于培养中国特色社会主义事业的合格建设者和接班人，具有重要意义。

健全学校的体育工作机制，使学生能够有时间和有机会去参与体育活动。学校可以举办体育竞赛或活动，加强建设体育师资队伍，建设青少年体育网络，使家庭、社区和学校三者都能够参与进来；培养学生健康良好的生活方式，对学生进行教育，使其对体育运动充满热爱和崇尚，在学习生活中也能对体育活动有所重视。

二、体育教学中的教师

（一）体育教师角色变化

体育教师的角色特征随着社会的变化呈现出累积性的发展，有着外延缩小而内涵扩大的演变规律。从原始社会到现在，教师成为促进文化知识的传播者。社会在长时间进程中对教师给予过高的期盼，促使体育教师有了自身的角色意识，使其过度注重自身的工作担当、自身行为和态度，教师的自身角色定位，使得体育教师在学校中以此为基础来开展工作，对自身的行为和思想有过多约束。这是不应该的，必须进行改革。

当前，国内外课程改革受到了建构主义教学理论的很大影响。在这一理论中，人并不是被动地接受知识，在学习知识时，人是结合自己的经验进行知识建构。对于学生和教师，应当促使其建构自己的知识体系，而不是单纯地复制知识；教师的教学应当让学生以塑造新的知识信息为目的，使学生能够主动创造；教师应当在互相矛盾的事物中进行角色表现，从而让学生产生不平衡的认知，以此来对学生的思维进行引导，使其发现问题、反思问题；教师应当对学生的思考进行引发，通过开放式教学参与到学生的探究中，不断地更新课程理论，使得课程环境产生变化，使学生实现从独立学习到合作学习、单方面发展到全面发展、接受学习到探究学习、被动学习到有计划学习、单向传递到多向传递的转变。

（二）体育教师的主导性

关于主导的含义，概括起来主要有五种理解：一是指主导属于对立哲学范畴，在矛盾中指对立双方的决定和主要方面；二是指主导在传统教学论术语当中发展而形成现代教学论术语，启发和主动地推动指导；三是指教学过程中主要的矛盾是教师和教材之间的矛盾，学生与教材通过教师这一中介进行连接，这一主导作用就是中介作用；四是指主导就是领导，主要是通过教师对学生以及知识的认识途径、认识质量和结果起主导作用，教师是主要负责人；五是指教辅助学和支持教学是教学的本质，学生的学习态度直接决定了教学成效，在教学当中，教师的主要任务是辅佐学生。

学生的主体性与教师的主导性相对应。在教学过程中，教师的主要责任和地位是主导性的表现，而主导性又包括对学生的诱导、领导和指导等。

（1）主导性的内容。

第一，将体育教学指导思想贯彻到实践中。在时代发展的同时，体育教学也在发生变化，体育教材和实际教学是这一变化的直接体现。将指导思想贯彻到教学过程中是体育教师的重要任务之一，在这一过程中，体育教师是主导者。

第二，选择的教学手段和方法应当适合学生。教材对相应的教学手段和方法有一定的要求，这一要求会对体育教学方法选择的正确与否产生直接影响。教师应当灵活地运用教学方法，设置教学情景，使学生能够更好地理解并加以学习。在对体育教学方法进行选择和运用的过程中，教师是主导者。

第三，选择教学内容并加工教材。体育教师作为学生与体育教材之间的中介，其重要任务就是选择并加工合适的体育素材，使其成为一套教材。体育教师应当结合学科与社会要求和学生需求搜集教学素材，寻找最合适的教学内容。

第四，评价体育学习结果。教师应当评价学生的学习效果和学习态度，以此来激励学生，从而形成最终的综合性评价。在评价中，应当结合学生之间的自我评价和互评。在体育学习评价这一过程中，体育教师是主导者。

第五，创造与学生相适应的体育教学环境。体育教学对环境的要求较为特殊，整体环境应当安全且美观舒适。在这一环境中，教师可以创造良好的教学情景，使学生能够更好地掌握知识和技能。在体育教学环境的创造中，教师是主导者。

（2）主导性的条件。

要有效凸显教师的主导地位，充分发挥其主导作用，首先要明确教学目标，只有确立了清晰明确的目标，才能有针对性地开展教学活动；其次，要明确主导对象，只有符合教学对象发展特征、需求及实际情况的教学方案才能真正发挥作用，从而保证教学质量；最后，要明确教学路线，为教学活动提供依据和方向。这就要求体育教师必须具备以下条件。

第一，知识要求。体育教师在知识掌握的深度和广度方面都有明确的要求，具体表现在：①基础知识方面，要博物多闻，掌握尽可能多的科学和人文知识，尤其是在新媒体技术应用日益广泛的教学现状下，体育教师不但要熟知电脑、图文处理、常用语言等应用性知识与技能，还要熟悉美术、舞蹈等艺术类知识及逻辑推理、科学研究等方法类知识；②教育知识方面，需要对教育学、心理学等现代教育知识有全面深入的研究和领会，精准把握教育发展规律，明确不同阶段学生的发展特征及需求，且能熟练掌握、灵活运用各项体育教学方法；③专业知识方面，要专而精，通晓各类人体生物学科理论及体育相关发展历史、操作原理、方式方法等知识。上述知识内容要按照“金字塔”形式逐层夯实，形成一套密切相连、相辅相成的科学知识体系，为高效开展体育教学活动提供保障。

第二，素质要求。素质要求主要包括三个方面：①要有殚精竭虑的奉献精神和以身作则的社会责任感；②要紧跟时代发展步伐，树立终身学习意识，不断充实自身的知识，提高技能；③在行动上要脚踏实地，在思想上要高瞻远瞩，以推动学生身心健康发展，帮助学生树立终身体育意识的目标，兢兢业业地当好学生成长道路上的“引路人”。

第三，能力要求。体育教师需要具备的能力主要包括：①组织管理能力。体育教师能根据教学目标和学生发展特点有针对性地制定切实有效的教学内容，在课堂上和课外活动中还要注意劳逸结合、寓教于乐，有效地调动起学生的积极性和主动性，这些都需要组织管理能力的支持。②表达能力。体育教师需要灵活、有效地借助各种语言、肢体动作和图标等形式，深入浅出、清晰准确地传达教学内容，让学生快速理解。③体育科研能力。体育教师要善于发现、研究并采用科学有效的创新手段来有效处理教学活动中遇到的各种问题。④熟练应用现代化教学技术的能力。

三、体育教学中的师生关系

教师的主导性在体育学习中也可以被认为是指导性，主要指教师指导学生学习的强度和质量。学生的主体性是指学生在学习过程中拥有自身的学习目标和学习动力，而清晰的目标和强大的前进动力之间的连接，能够促进整个学习过程。

（一）主导性与主体性相统一

学生的主体性学习能够在教师的良好指导下更好地发挥出来。在学生与教师的互动过程中，教师正确指导，学生积极学习，能够极大地促进整个学习过程。如果学生在学习中缺乏积极性，则体现出教师指导方式的不恰当和不正确。应当辩证看待学生的主体性和教师的主导性。过分地强调学生的主体性，是对学生的暂时放任，这种教学方式不能使教学目标长远发展。虽然课堂氛围较强，但学生的学习目标并没有指向性，许多危险因素依然存在。如果课堂被认为是教师指导性过强，反而说明教师并没有较强的主导性。如果学生的积极性并没有被调动起来，那么教师的主导是无效的。另外，应当正确认识体育教学中的纵向师生关系，以防止课堂中出现放任现象。社会对教师和学生的定位直接决定了体育教学中纵向师生关系的存在，这一关系的存在使得在师生关系中，教师处于中上位并占据主导地位。

教师应当积极热情地对学生进行指导和关心，为学生提供各种教学服务，让学生在教学中能够获得帮助。同时，教师还要为学生制订有针对性的学习计划和学习策略，并积极地成为学生的朋友。但是教师授业解惑的职责绝对不能忘记，教师是传授知识的主体，不应当削弱和动摇教师在整体教学过程中的主导地位和作用。

（二）主导性与主体性相辅相成

一方面，从词语方面来看，主导性和主体性是不对称的。若想让主导性和主体性产生对称关系，可以将一个共同的前置词放到它们的前面：在体育学习中，教师的主导性体现为对体育学习的主导性，学生的主体性体现为其在体育学习中的主体性。以此种方法产生的对称十分自然，教师和学生之间的互动关系也自然而然地体现出来。

另一方面，人们往往不能正确地认识师生关系。这主要是由于人们往往会对立性地看待教师与学生的地位，对一方的地位过于强调而忽视另一方的重要性。从根本上来说，只要教师能够将其主导性发挥出来，学生就能够体现出自己学习的主体性。如果学生没有充分地体现出自身的主体性，那就说明教师并没有很好地发挥出自己的主导性。教师的主导性与学生的主体性会从多个方面对学生产生影响：影响学生对课堂的整体兴趣，影响学生的全面发展，影响学生的学习效率、情绪和效果。因此，体育教师不仅要注重自身的工作作风和思想品德，还要提高自身业务能力，争取在课堂中塑造和谐的人际环境。

第二章
CHAPTER TWO

幼儿园体育教学活动发展与教育

第一节 幼儿园体育活动的内涵与目的

一、幼儿园体育活动的基本内涵

幼儿园体育是幼儿园集体教育中的重要组成部分，是促进幼儿身体生长发育，提高其身体素质，提高其基本活动能力和运动技能水平，从而增强体质的重要途径。通过科学的、系统的、有规律的锻炼方法，达到有效锻炼的目的，促进身体的全面发展。

（一）幼儿园体育活动的基本价值

幼儿园体育活动的基本价值主要表现在以下三个方面。

（1）身体的发展。体育活动是优化身体体格和体能的重要手段。幼儿时期，身体的成长正处于发展的旺盛期，有目的、科学地运动，不但能促进机体的完善，促使骨骼、肌肉、身体机能得以快速成熟，形成正确的身体姿势，增强体质，提高适应环境的能力和自我保护的能力，而且对神经系统的完善和发展也起着重要的作用。丰富的体育活动、均衡的营养与合理的睡眠是建立高质量身体物质基础的三大元素。

（2）心理的发展。心理形成的动态平衡与发展，是幼儿成长的重要动力。在幼儿时期，运动是主要的、合理的途径。幼儿在成长过程中，身体成熟的内驱力、安全感、认知需求、焦虑感、交往需求、情绪控制等，都能通过运动得以很好地平衡、宣泄与发展。运动不但能满足个体心理发展的需要，而且对于幼儿社会性品质、道德、美感、群体关系等高级心理也起着重要作用。

（3）社会性的发展。幼儿园体育活动是以开放性和更多自主性呈现的活动方式，是幼儿走出家庭、走入集体生活的第一步，也是感受社会、融入社会的第一步。群体性的体育活动不但能提高幼儿社会性的适应能力，使其学会在体育活动中自主克服自我冲动，遵守规则，而且在体育活动中学会尊重与妥协，学会与他人友好合作，形成团队意识与责任感，从而促进幼儿社会性的发展。

（二）幼儿园体育活动的基本形式

幼儿园体育活动的开展形式包括户外自主性体育活动、室内自主性体育活动、早操活动、集体体育教学活动、运动会、远足活动等。

（1）户外自主性体育活动。户外自主性体育活动是指幼儿借助于幼儿园的户外环境、材料、同伴、教师提供的内容，进行自我选择、自主表现的体育活动形式。它是日常性体育活动形式之一，主要包括晨间自主性体育活动、户外区域活动、开放式自主体育活动、循环式自主活动等。

（2）室内自主性体育活动。室内自主性体育活动是指教师以建筑物为单位，在其中设置一定的体育活动环境，提供相应的材料与内容，幼儿借助于楼层、过道、楼梯、室内、墙面等物理环境进行的体育活动。室内自主性体育活动多以小区域进行划分，它是在气候、天气、空气质量等局限下形成的活动选择，是对户外自主性体育活动的重要补充。

（3）早操活动。早操活动是一种综合性的体育活动形式，主要表现为在教学的基础上进行自主性、统一性的练习，以较为规范的形式为引导，按一定的目的性要求进行日常性的体育活动，主要包括热身活动、队列队形活动、基本体操活动、体能活动及放松活动等。早操活动以幼儿的动作发展、身体姿势练习、集体互动、提高运动体能为目的。

（4）集体体育教学活动。集体体育教学活动是指以教师为主导，有目的、有计划、有组织地对幼儿身体发展施加影响的活动，是在幼儿基本能力基础上，促进幼儿发展的体育活动形式。集体体育教学活动与幼儿园其他形式的体育活动存在密切的联系。

（5）运动会。运动会是指一种综合性的体育活动方式，是对幼儿综合能力的直接反映。运动会组织形式多种多样，既有以趣味为导向的体育活动形式，也有以亲子活动为导向的体育活动形式，还有以幼儿园体育课程为基础的体育活动形式。

（6）远足活动。远足活动是指以集体为单位，以走出园外、走入自然和社会为途径，以增强身体耐力、拓宽视野、培养纪律意识为目的的体育活动形式。

（三）幼儿园体育活动的任务

（1）培养幼儿参加体育活动的兴趣和习惯。

（2）增强体质，提高对环境的适应能力。

（3）提高动作的协调性、灵活性。

（4）培养幼儿坚强、勇敢、不怕困难的意志品质和主动、乐观、合作的态度。

（5）提高幼儿自我保护的意识和能力。

二、幼儿园体育活动的核心目的

（一）体质

体质是指人体形态结构、生理功能和心理因素的综合的、相对稳定的特征，是一切生命活动的基础。体质通常包括体格、体能、人体的适应能力和心理状态。

（1）体格是指人体形态、结构和生理机能的发展状况。主要包括人体的体型、身体姿势和生长发育的水平。

（2）体能是指人体从事身体运动时所表现出来的能力。

（3）人体的适应能力是指在适应内、外界环境过程中所表现出来的机能。主要表现在对环境条件及其变化的适应能力和对疾病的抵抗能力上。

（4）心理状态是指人的情绪、意志、个性等方面的心理特征。良好的情绪和精神状态、坚强的意志品质、积极开朗的个性等是体现一个人良好心理状态的重要标志。

体格是体能发展的基础，体能发展促进体格进一步加强，强壮的体格会提升人体的适应能力，并促进心理状态良好发展。体格是儿童成长过程中最重要的基础。

（二）体能

体能包括身体素质和身体的基本活动能力这两方面的发展水平。体能分为健康体能及运动体能。对于儿童而言，更强调健康体能的发展。

体能的发展是幼儿园体育教学中的直接途径。良好体能的发展，会对儿童身体起到一定的刺激，从而使机体产生相应的变化。幼儿在从事愉快的身体活动时，新陈代谢旺盛，各有关器官、系统都积极地参与活动，对于幼儿时期尚未发育成熟的器官，起到了很好的促进作用。在体能发展的过程中，能促进人体形态、结构和生理机能的协调发展。通过体能的发展，机体的各个方面得到完善和提高。

（三）身体素质

1. 力量素质

力量素质反映了肌肉活动时收缩能力的大小，也可以理解为克服阻力的一种能力，是生活和身体运动的基础。力量素质包括动力性力量和静力性力量。儿童力量的发展应注意以下三个问题。

（1）发展动力性力量，避免过度憋气的静力性力量。例如拔河、扳手腕、顶牛、摔跤等。

（2）儿童应强调发展肢体力量。例如头颈部力量、下肢力量及腰背部力量的发展。

（3）儿童发展力量的方法。例如体操、游戏、基本动作的练习及基础专项体育项目等。

2. 耐力素质

耐力素质是指人体在尽可能长的时间里进行肌肉活动的能力，换言之，耐力素质是抵抗疲劳的能力，包括有氧耐力和无氧耐力练习。儿童耐力的发展应注意以下四个问题。

（1）强调有氧耐力的练习，避免进入无氧耐力的状态；强调运动量的控制，注意练习时间的掌握。

（2）在有氧耐力练习中，教会儿童进行有效的呼吸。例如模仿火车开动、吹气球、老猫伸懒腰、大笑等。

（3）提倡一定距离的远足活动、慢跑或走跑交替的活动。

（4）练习的方法：慢跑（100～300 米）、连续跳、早操、爬行、游戏、器械活动等。

3. 调整素质

调整素质是指与神经系统的调节和控制能力密切相关的一系列身体活动的能力。

（1）速度：身体在最短时间内移动的快慢能力。

（2）灵敏性：快速改变身体位置和方向的能力与效率。

（3）柔韧性：关节的活动范围以及关节周围韧带和肌肉的延展能力。

（4）平衡能力：抵抗破坏平衡的外力，保持全身处于稳定状态的能力。

（5）协调能力：在进行身体运动的过程中，调整与综合身体各部位的动作，使之和谐而统一的能力（包括一般性协调能力及专向性协调能力）。

儿童调整素质的发展应注意的问题包括：①综合发展调整素质中的各项能力；②突出平衡能力、灵敏性及协调能力的发展；③不过分强调柔韧性的发展；④不让儿童进行长时间的快速跑。

（四）基本活动能力

基本活动能力是指身体运动的基本动作和基本动作技能，通过人体的运动动作得以表现。人的生长过程中，自我展开的基本动作是一切基本技能发展的基础，最早展开的基本活动能力中的各种能力对应着各个基本动作，即走步、跑步、跳跃、投掷、攀登、钻、爬等，都是幼儿早期形成的行为表现。动作技能是在社会文化体系下，以科学认知为引导的更高能力、更大效应的行为表现。人类的动作技能建立在基本动作基础上，通过学习与反复练习而获得。早期基本动作及基本动作技能的形成和发展，会给人的一生带来很大的影响。

在幼儿园中，动作技能是体育教学的核心内容：一方面通过动作技能的学习与练习，不断促进基本动作的展开与完善；另一方面不断拓展与丰富幼儿的动作图式，使之成为今后一切行为的基础，同时通过动作技能的表现，获得更为科学的身体发展的手段。在幼儿园体育教学中，有些动作技能较为简单，也有复杂的动作技能，甚至包括一些专项性的动作技能，如足球、篮球等。

（1）人体动作。人体动作的活动能力主要包括：①根据人体的结构可分为头部动作、上肢动作、下肢动作、躯干动作和全身动作五大类；②动作的形成主要依赖人体骨骼、肌肉、关节及韧带共同的作用来完成；③动作的变化是由关节、运动幅度、运动力度、运动节奏、身体体位及方位等的改变而引起的。

（2）人体主要的运动关节。人体的运动关节主要包括：①颈椎关节（俗称颈关节），带动头部的运动；②胸椎关节（俗称胸关节），带动胸背部的运动；③腰椎关节（俗称腰关节），带动腰背部的运动；④肩关节，带动上肢的整体运动；⑤肘关节，带动前臂的整体运动；⑥腕关节，带动手掌的运动；⑦髋关节，带动整个下肢的运动；⑧膝关节，带动小腿的运动；⑨踝关节，带动脚的运动。

（3）人体的体位。体位主要指站立、蹲、坐、躺等身体所保持的姿势。

（4）人体的方位。人体的方位主要指人所处的方向位置，如向左、向右、向后、向前及各个方位的各种夹角等。

（5）基本动作的形成。人体的肌肉是具有记忆效应的，同一个动作重复多次之后肌肉就会形成条件反射。动作的反复练习，能促使动作记忆由大脑的思维记忆向人体的肌肉记忆转换。人体肌肉获得记忆的速度十分缓慢，但一旦获得，其遗忘的速度也十分缓慢。

（五）核心发展要求

幼儿动作发展主要指标是针对身体素质提出的，建议活动内容与要求如下。

1. 一定的平衡能力且动作协调灵敏

（1）利用多种活动发展身体平衡和协调能力。例如，走平衡木，或沿着地面直线、田埂行走，还有玩跳房子、踢毽子、蒙眼走路、踩小高跷等游戏活动。

（2）发展幼儿动作的协调性和灵活性。例如，鼓励幼儿进行跑跳、钻爬、攀登、投掷、拍球等活动，还有玩跳竹竿、滚铁环等传统体育游戏。

（3）对于拍球、跳绳等技能性活动，不要过于要求数量，更不能机械训练。

（4）结合活动内容对幼儿进行安全教育，注重在活动中培养幼儿的自我保护能力。

2. 一定的力量与耐力

（1）开展丰富多样、适合幼儿年龄特点的各种身体活动，如走、跑、跳、攀、爬等，鼓励幼儿坚持下来，不怕累。

(2) 在日常生活中，鼓励幼儿多走路、少坐车；自己上下楼梯、自己背书包。

身体素质与基本活动能力之间存在着密切的联系。其中，身体素质的发展是核心，基本活动能力是途径。幼儿身体素质的发展水平是在各种身体的基本活动中得以实现的，通过各种有目的性的身体活动，不断提升身体素质。幼儿活动能力又是幼儿身体素质发展水平的外部表现，提高幼儿的身体素质，是发展幼儿基本活动能力的基础。因此，在幼儿园体育活动目标制定中，应寻求各种有效手段，紧紧围绕身体素质的发展，开展体育活动。

第二节　幼儿园体育活动的内容和方法

一、幼儿体育基本动作

基本动作是人体最基本的活动技能，是人们在日常生活和社会实践活动中所必需的基本的身体运动技能。根据动作组成的基本结构特点，可将动作分为周期性动作与非周期性动作。周期性动作是以不断循环、重复某些动作技术为基础的动作，这类动作结构简单，易于掌握，容易形成自动化，如走、跑等。非周期性动作由几个相互衔接的动作环节联结成一个完整、独立的动作，这类动作结构复杂、难掌握，学习要循序渐进，集中精力，如跳、投掷等。

幼儿体育活动的开展是幼儿园课程中的一项重要内容，而其学习内容的重要构成便是发展幼儿的基础性体育动作和身体素质，落脚点是发展幼儿的基础动作技术，规范幼儿的基础动作，便于教师设计学习课程进度和教学活动目标。同时，规范的基础动作也便于教师选择最正确的教学策略和辅助手段。

(一) 基本动作定义的规则内容

(1) 动作方向术语（徒手）。包括前、后、左、右、上、下、前上、前下、侧上、侧下、前侧、前侧上、前侧下、后侧上、后侧下等。

(2) 动作方向术语（器械）。包括前、后、左、右、内、外、远、近、纵、横、斜等。

(3) 动作间联系词。包括接（连续完成，如快跑接单脚跳）、经（完成动作过程中经过某一特定部位，如两臂经前至上举）、至（完成动作时到达特定部位）、成（完成动作时成特定动作，如慢跑接单脚跳成单脚支撑）、同时（如两臂同时绕环）、依次（如两臂依次绕环）。

(4) 基本姿势术语。包括立（直立、并立、开立、点地立、单脚立、起踵立）、蹲（全蹲、半蹲）、跪、撑（俯撑、仰撑、侧撑、蹲撑）、坐（并腿坐、分腿坐）、卧（俯卧、仰卧、侧卧）、倾、弓步。

(5) 基本动作术语。包括举、屈、伸、摆、振、踢、绕、绕环、波浪、转、压、倒、跳。

(二) 基本动作定义的学习方法

(1) 立正。两脚跟靠拢并齐，两脚尖向外分开约60°；两腿挺直；小腹微收，自然挺胸；上体正直，微向前倾；两肩要平，稍向后张；两臂下垂，自然伸直，手指并拢自然微曲；拇指尖贴于食指第二关节，中指贴于裤缝；头要正，颈要直，口要闭，下颌微收，两眼平视前方。

(2) 跨立。左脚向左跨出约一脚之长，两腿挺直，上体保持立正姿势，身体重心落于两脚之间。两手背后，左手握右手手腕，拇指根部与外腰带下沿(内腰带上沿) 同高；右手手指自然弯屈，手心向后。

(3) 稍息。左脚顺脚尖方向伸出约全脚的三分之二，两腿自然伸直，上体保持立正姿势，身体重心大部分落于右脚。

(4) 停止间转法。第一，向右(左) 转以右(左) 脚跟为轴，右(左) 脚跟和左(右) 脚掌前部同时用力，使身体协调一致向右(左) 转90°，体重落在右(左) 脚，左(右) 脚取捷径迅速靠拢右(左) 脚，成立正姿势。转动和靠脚时，两腿挺直，上体保持立正姿势。第二，向后转按照向右转的要领向后转180°。

(5) 蹲下。右脚后退半步、前脚掌着地，臀部坐在右脚跟上(膝盖不着地)，两腿分开约60°，手指自然并拢放在两膝上，上体保持正直。蹲下过久，可以自行换脚。起立时全身协力迅速起立，成立正姿势。

(6) 立定。齐步和正步时，听到口令，左脚再向前大半步着地(脚尖向外约30°)，两腿挺直，右脚取捷径迅速靠拢左脚，成立正姿势。跑步时，听到口令，再跑2步，然后左脚向前大半步(两拳收于腰际，停止摆动) 着地，右脚靠拢左脚，同时将手放下，成立正姿势。

(7) 向右(左) 看齐。要领：排头不动，其他人向右(左) 转头，眼睛看右(左) 邻腮部，前四名能通视排头，自第五名起，以能通视到本人以右(左) 第三名为度，后列人员先向前对正，后向右(左) 对齐。

(8) 走。走即双脚交替支撑身体发生位移的周期性动作。走的教法要领：双手自然摆臂，抬头、挺胸。走的分类：正常走(散步、齐步走、正步走)；快步走；竞走；特殊方式走(弓箭步走、半蹲走、足尖走)。

(9) 跑。跑即单脚支撑与腾空相交替、蹬与摆相配合的周期性运动。跑的教法要领：首先教屈臂摆臂，其次教前脚掌发力，最后教呼吸方法。跑的分类：慢跑；快速跑；障碍跑(跨、踏、绕、钻过障碍)；集体协作跑(接力跑)。

(10) 跳。跳即人体运用自身的能力或借助一定的器械，通过一定的运动形式，使人体腾跃尽可能的高度或远度的项目。跳的教法要领：先教摆臂，原地的有预摆，然后教起跳动作，再教空中控制动作，再教落地缓冲动作，最后教衔接动作。跳的分类：水平方向跳（立定跳，行进间跳，行进间连续单、双脚跳）；垂直方向跳（原地跳，行进间向上跳，连续单、双脚向上跳）。

（11）投。投即人体运用自身的能力，通过一定的运动形式，将手持的规定器械进行抛射，并尽可能获得远度的运动项目。投的教法要领：先教挥臂动作（或发力加速动作），然后教出手角度，再教手型，再教运行线路，最后教衔接。投的分类：肩上（抛掷、投、推）；肩下（扔、撇、抛）。

二、幼儿体育基本体操

体操能全面提高身体素质，增强各种器官的功能。体操运动内容丰富，大体上可分为大众体操和竞技体操两类。幼儿基本体操是以幼儿为对象，以增强体质为目的的大众健身体操。

（一）幼儿基本体操的基本内容

幼儿基本体操由最简单、最基本的队列队形练习、徒手体操、简单的垫上练习和基本的舞蹈动作组成。幼儿基本体操可以全面锻炼幼儿的协调能力，增强柔韧、力量等身体素质，培养勇敢、坚持等意志品质和韵律节奏等审美情趣。实践证明，它是对幼儿进行全面教育的良好手段。

幼儿基本体操是专门为4～6岁的小朋友编排设计的健身操，由最简单的队形变化、最基本的徒手体操动作、技巧动作、艺术体操和舞蹈动作组成，分为表演型和普及型两大类表演形式。

幼儿基本体操分为普及和提高两种类型。普及类的幼儿基本体操面向全国各级各类幼儿园小、中、大班的小朋友。孩子们经过短期、正规的锻炼，可以达到增强体质、塑造体形体态、提高身体素质的目的。

（二）幼儿基本体操的学习方法

（1）坐、站立姿态操。为培养正确的坐姿和文雅、健美的基本站立姿态，选用椅子为练习工具，达到举止规范、培养挺拔的体形体态的目的。

（2）艺术性基本体操。选用竞技体操和艺术体操中最基本、较典型，简单、优美、协调性强的动作及常用的基本舞蹈步法，以培养幼儿的协调性和节奏感，启发幼儿的想象力和表现欲。

（3）身体素质操。以发展幼儿的身体柔韧性、灵活性为主，以增强力量为辅，选用一些有利于幼儿身体素质全面发展的动作，促进幼儿身体素质均衡发育，为其进入小学打下良好的体质、体能基础。

（4）轻器械基本体操。为提高幼儿参加体育活动的兴趣和能力，发展身体的灵敏性和对肌肉的控制力，选用幼儿日常喜爱的哑铃和球为轻器械进行锻炼，增强幼儿肌力、体力和控制器械的能力。

（5）礼仪操。为了帮助幼儿从小养成良好的文明举止和礼貌待人的习惯，选用日常生活中待人接物的常用礼貌用语，在边唱儿歌边学动作中，掌握基本的礼貌待客之道，使之行为规范得体。

第三节　幼儿园体育活动的组织形式

一、幼儿早操

（一）早操的内容

目前，幼儿园的早操经过不断创新，已经变得形式多样，内容丰富，主要表现在以下方面。

（1）基本部分的操节内容已经突破了定位操的模式，有机结合了队列队形的变换。

（2）基本部分除操节、体育游戏、律动等内容外，新增了自选活动或分组活动。

（3）器械操的器械充分体现了一物多玩的功能，在操节后的自选活动中大显身手。

（二）早操的组织

（1）做操前的站队、走步。一般站成一路纵队，要求幼儿站得整齐，注意力集中。整队后随着音乐或口令走步，要求走得有节奏、有精神。由走步变换体操队形做操。

（2）做操。教师或幼儿带操，但带操人必须符合下列要求。

第一，带操人的位置应该是全体幼儿都能看到的地方。

第二，带操人的动作必须正确，有节奏，每个动作都合乎要求。如两臂举、腰伸直、手指并拢等。

第三，带操人的动作应该与全体小朋友相反。早操中的每个动作做得正确，并且动作要做到位，才有锻炼身体的价值。教师要注意培养幼儿的正确姿势，在带操的同时要注意幼儿的动作，发现幼儿不认真做或做得不对，要用语言提示，或走到幼儿身边用手帮助他们将动作做到位，这样幼儿就能感受到正确姿势是什么样的，很快就能改正。如发现多数幼儿对某一动作很不熟练或动作不规范，可以重新示范，并讲出要领，指导幼儿重新学习。

（3）其他活动。为了丰富早操内容，增加活动量和提高幼儿兴趣，操节之后，可进行中等量的体育游戏、律动和自选活动等，但早操的总时间要控制在10～15分钟。

（4）跑步。为了培养幼儿正确的跑步姿势，可以在早操活动中安排跑步环节。暖和的季节，跑步放在早操之后，目的是增加运动量和培养跑步姿势。教师可根据具体情况决定跑步距离。寒冷的季节，跑步安排在做操前，目的在于使幼儿通过跑步，全身发暖，关节和肌肉灵活，为做操做好准备。如跑步距离稍长，可走跑交替进行。

(5) 早操的结束。跑步后要求幼儿便步走，边走边要求幼儿做深呼吸，也可做些放松动作，待幼儿呼吸均匀、情绪平稳后，再走回活动室准备就餐。

以上内容不一定要截然分开，有时候也可以自然融合在一起。

二、室内体育活动

(一) 室内体育活动的定义

体育旨在增强人的体质，提高运动技术水平，丰富社会生活。幼儿体育是幼儿教育的重要组成部分，但幼儿体育又具有其独特性，它是融幼儿保育和教育为一体的特殊教育领域。幼儿园室内体育活动需根据一定的教育目标在室内创设一定的教育条件，选择合适的运动器械，使幼儿通过表现性、创造性的身体运动，达到锻炼的目的，以弥补因户外天气不好或场地条件的局限造成的不利，并以此促进体能、智力、情绪、个性和认知等方面的健康发展。

(二) 室内体育活动的目标

活动目标的制定主要依据三点：一是活动内容具有一定的丰富性和针对性，符合幼儿的需求和兴趣；二是活动应以整合观念为指导，增强幼儿体质，促进幼儿身心的健康；三是通过室内体育教学活动，促进幼儿社会性等方面的发展，以增进幼儿心理的健康。

因此，应制定室内体育活动的目标为：愿意参加室内体育活动，情绪愉快；乐于大胆地尝试各种活动器械的玩法，具有一定的活动规则意识；提高动作的灵活性、协调性；培养幼儿主动、乐观和合作的态度。

(三) 室内体育活动的内容选择

目标是活动的起点，是活动内容选择的依据。在选择活动的内容时，应从落实教育目标实际需要出发，有效地促进幼儿的全面发展。

(1) 内容选择的科学化。幼儿身心的发展具有一定的规律性，在选择内容时一定要遵循其规律，从幼儿年龄特点入手，内容由易到难，由简单到复杂，科学地进行选择和安排。科学的锻炼有助于幼儿健康地发展，教师应根据幼儿的发育水平，灵活地控制和调节幼儿的运动强度，做好动静交替。

(2) 内容选择的游戏化。游戏是幼儿最喜欢的活动，针对不同年龄段的幼儿，教师可采用并创编不同内容的室内体育游戏，有效促进幼儿的参与兴趣，使室内体育活动游戏化。游戏不仅能使幼儿得到情绪的满足，更有助于发展幼儿的基本动作，提高动作的协调性、灵活性。融游戏于情节中的活动，会让幼儿感到十分有趣，锻炼的实效性、持久性也可在游戏中得到体现。

（3）内容选择的整合化。幼儿作为一个整体，其体质、情感、合作与交往等方面的发展都是相互联系和密不可分的，因此在开展室内体育活动时，不仅要重视幼儿的身体运动，还要注重认知、社会性等能力的培养以及其他领域知识的交互，引导幼儿身心全面发展，从而达到整合的目的。

（四）室内体育活动的基本原则

（1）兴趣性原则。兴趣是对事物喜爱和关切的情趣。如果教师在内容的选择方面忽略了这一点，就会导致活动的效果及幼儿参与室内体育活动的积极性下降。因此，教师应密切关注幼儿日常体育活动的行为，深入幼儿生活，了解幼儿的真正兴趣和需求。

（2）差异性原则。教师应尊重幼儿在发展水平、能力、经验和学习方式等方面的个体差异，因材施教，努力使每个幼儿都能获得满足和成功。由于幼儿来自不同的家庭，教师不能用统一的标准来要求，室内体育活动与其他活动一样，都应遵循差异性原则。因此，教师在组织形式中应考虑幼儿的发展状况，创设有层次的环境，提供不同的帮助与指导，满足各层次幼儿的需求，让每个幼儿都有自己的活动空间。

（3）发展性原则。要想每个幼儿都得到发展，不仅要遵循教育目标，更应以发展的眼光来看待幼儿的成长。在幼儿发展的可能性基础上，给予适度的指导，为幼儿的可持续发展创造条件。

（4）系统性原则。室内体育是幼儿园开展体育活动形式的补充，在活动内容、组织上还应考虑它的系统性：一方面，在某个基本动作的锻炼上应由浅入深、由易到难不断提高；另一方面，教师可以挖掘室内、室外体育活动的内在联系，通过多种渠道和手段，提高幼儿的活动能力。

三、远足活动

远足活动是一项积极的健身活动，能促进幼儿体质的提高，并达到陶冶性情、锻炼意志的目的；同时，它又为幼儿提供了亲近大自然的机会，扩大了幼儿接触、认识社会的活动空间，因此深受孩子们的喜爱。以下以某园的远足活动为例说明要做好的工作。

（一）家长工作

幼儿园的教育离不开家长的理解、支持和参与，所以开展远足活动，家长工作很重要。

（1）召开家长会。家长和教师进行面对面的交流，针对远足活动发表各自的看法，并提出意见和建议。通过及时交流，家长们可以对远足活动达成基本共识，为以后开展远足活动打下良好的基础。

（2）发放家长问卷。通过问卷，家长们可以更深入地了解远足活动的意义和作用，这既完成了有关远足活动的宣传工作，也使教师更广泛地听取了来自家长的意见和建议，为制订和及时修改活动计划提供了有用的信息。

（3）邀请家长参与组织远足活动。为了让家长进一步了解远足活动开展的实际情况，园区可以分期分批邀请家长参与组织远足活动。家长们目睹了教师制订计划时的认真、进行准备工作时的细心、统计记录资料时的细致，更亲身体验了组织活动时的辛苦与劳累，对远足活动的意义和作用有了更进一步的了解。

（二）安全工作

由于远足活动要走出幼儿园，因此安全工作尤为重要，这也是家长最为担心的一个问题。为了确保远足活动安全顺利地开展，幼儿园有必要对全体教师与家长进行全方位的安全教育工作。

（1）加强教师的安全意识。防患于未然，是做好安全工作的最好保证，而教师是活动的主要组织者，所以安全工作的首要任务是加强教师的安全意识。在每次的讨论学习中，讲得最多的是安全工作，小结远足活动时也把安全工作作为一个重要的内容来点评。除认识上引起重视外，带队的方法和技巧也很重要，因此可结合远足活动，设置一些有关的模拟情境让教师们讨论，通过反复思考与实际操作，共同提高工作能力。

（2）加强幼儿的安全意识。走出活动室，走出幼儿园，面对广阔的大自然，孩子们有一种无拘无束的感觉，很容易激动，但放松也隐藏着不安全的因素，因此各班应根据幼儿的年龄特点，组织孩子们讨论一系列安全问题，如走路时怎样才能不掉队、怎样才不会撞上行人和车辆、怎样过马路、怎样上下公共汽车等，使孩子们的自我保护能力获得很大的提高。

（3）活动中配备足够的人手，尽量减少安全隐患。在远足活动中要保证队伍的前后和中间都有教师照应。在选择远足路线时，应避免频繁地穿越马路，尽量在设置了红绿灯的路口过马路，幼儿过马路时有教师站在十字路口阻挡横穿的车辆等。

第四节　幼小体育教学衔接

幼小衔接体育课具有承上启下的作用，旨在帮助儿童顺利地过渡到小学的学习生活，通过儿童的视角去发现问题、展示问题，能够更好地为儿童解决问题。幼小衔接工作应该从全方位、多角度入手，由幼儿园牵头负责，提供场地和环境。对于儿童来说，他们更希望在快乐、轻松的气氛中进入小学，因此，可以从以下几个方面解决幼小体育教学衔接中存在的问题。

一、幼儿园开设幼小衔接体育课

在幼儿园中开设幼小衔接体育课程，由幼儿园主导制订相关的课程教学要求、教学内容、教学目标等。因为儿童在幼儿园已经生活了两三年，对环境和教师比较熟悉，由幼儿园来主导幼小衔接体育课相对来说更加方便。幼儿园可以定期邀请小学一年级的体育老师，或者一些体育教育专家提前开展一些小学体育课，比如可以设定每周两次体育课，让专业的小学体育老师来给孩子们上课，提前适应一些小学体育课的要求和教学内容。具体的教学内容可以有队列训练、走跑动作练习、前后滚翻、篮球等，而不像幼儿园只有简单的娱乐游戏。同时，幼儿园的活动课教师也可以从中学习到一些小学的体育教学知识，在平时的幼小衔接体育课中向儿童进行传授。

对于有学前班的幼儿园，应该把幼小衔接体育课纳入日常的教学管理中。学前班一般负责对接小学的教学要求，主要集中在语文、数学、英语等课程，体育课不应该被排除在外，毕竟身体发育和身体健康对儿童的未来发展也至关重要。幼儿园应建立相应的课程制度，进行一些教学改革，让儿童在幼儿园就能够体验到小学体育课的乐趣，从而更好地融入小学生活。

二、融合不同的体育教学模式

幼儿园开设幼小衔接体育课程，应该注重教学模式的创新、发展、改进，运用多元化的教学模式，让儿童感受到体育课教学的乐趣，从而适应和喜欢上体育课。幼儿园的活动课教师应该主动学习一些体育课的教学模式、教学手段和教学方法，把各种有趣的教学模式融入活动课程，以使孩子们能够体验到各种不同的教学模式。

小学体育教师在幼小衔接体育课中，为了让儿童更快地适应小学生活，可以增加一些游戏教学方法或者游戏活动，同时，教师也可以采用儿童喜欢的上课方式，比如装扮成超人、蜘蛛侠，或者使用一些卡通道具，在篮球上画上笑脸等。儿童参加体育课，感受到了体育课的新奇与好玩，对体育课充满了期待，就会逐渐适应体育课，适应小学体育课相对复杂的要求。

三、幼小衔接体育课成绩多元评价

幼儿园的儿童往往对荣誉比较看重，到了小学则对分数较为看重。其实，评价只是对教学成果的一种鉴别，并不能作为评价儿童的唯一标准，不能作为全面了解儿童的参考。评价的目的是激发儿童的学习热情，肯定儿童努力的过程，所以在幼小衔接体育课中，要完善评价体系，运用多元化的评价方法来评定幼儿的表现。

首先，要树立以儿童的成长为中心的评价观，对于儿童成绩的评价要看儿童是否快乐、是否积极向上、是否健康。

其次，注重对儿童成长和进步的评价。儿童如果每次课程都能认真完成，这也是儿童进步的一种良好表现；儿童如果在知识与技能、情感、态度和价值观等各个方面都有提高，那就应该对儿童提出表扬和赞许，而不是单纯靠分数来评价儿童的表现。

最后，评价形式和方法应该多样化。例如，课堂上表现良好，就可以给予分值奖励，对于不同的孩子也可以进行不同的评价，比如体育成绩较好的儿童可以用成绩来评价，而体育成绩一般，但是在道德情操、遵守纪律方面表现好的孩子则可以给予其他奖励。

总之，对儿童的成绩不能完全以分数作为最终的评价结果，要结合每个孩子自己的特点进行多元化的评价，体育成绩特别好的儿童完全可以纳入体育兴趣小组或者参加专业体育比赛和活动，而体育成绩差的则可以按 A、B、C、D 等级进行成绩评定。幼小衔接体育课的评价要着眼于儿童未来的发展，注重儿童的成长过程和学习效果，激发儿童努力学习的信心，发挥评价的激励促进作用。

四、教育主管部门要加强师资力量

通过以下方式可以提高幼儿园和小学体育教师的专业素质。

第一，为幼儿园教师开设专门的体育课程培训课。邀请资深小学体育教师为幼儿园教师讲授小学一年级的体育课程，从教学目标、教学内容、教学方法、教学评价等方面进行讲解，让幼儿园教师掌握一般的小学体育课程，并在学前班或者幼小衔接课程中开展。

第二，进行幼小衔接体育课的专门培训。教育部门、小学、幼儿园可以组织专家和教师进行专门的幼小衔接课程培训，让参与教师能够了解幼小衔接课程的特点、儿童的问题、教学的要求等内容，从而更好地开展幼小衔接课程。

第三，提高儿童活动课或者体育课教师的道德素养和职业素质。教师应该了解儿童的内心和需求，更新教育理念，不断提高自身的综合素质，这样才能把课上好，让儿童获得健康的成长。

五、体育教师要激发儿童的运动兴趣

在幼小衔接体育课中，教师要培养儿童积极向上、不怕困难的精神。随着年龄的增长，孩子们升入初中、高中负担肯定会更重，而缓解压力的最好方式之一就是体育锻炼。所以在幼儿园，体育教师就要教会孩子享受体育、热爱运动，从运动中享受生命的乐趣，利用从体育活动缓解精神方面的压力。随着经济的发展和人民生活水平的日益提高，越来越多的人开始意识到，身体健康才是人生最大的资本，而终身体育这一理念也慢慢进入人们的视野。体育习惯和体育兴趣的养成应该从小开始，通过体育课可以灌输给儿童一种积极向上的健康理念，即没有健康的生活方式和强健的体魄就不可能拥有幸福的人生。体育教师应该不仅会上体育课，还能用各种手段和方法激发儿童的体育兴趣，使他们养成喜欢运动、热爱运动的行为习惯，同时在体育锻炼中，学会勇于承担、坚持不懈、努力拼搏，这样才能在未来的发展中拥有健康的身体和心理。

六、教育部门、幼儿园与家庭的多元联动

幼小衔接课程中出现的问题，并不仅仅是幼儿园或者小学的问题。

作为教育主管部门，应该主动担当，主动处理教育发展中出现的新问题、新情况，既要防止幼儿园“小学化”，幼儿过早地学习复杂的体育动作和知识，也要防止幼小衔接体育课程中出现各种问题。幼儿教育主管部门应该主动调研、认真分析、客观评估，根据实际情况，制订科学、合理、具有可行性的幼小衔接课程方案、课程标准，同时，要积极地和幼儿园、家庭保持密切联系和沟通，做好相关科研、课程评估、实验、课题研究等工作。

作为幼儿园，要积极和教育主管部门保持联系，将新问题、新情况及时向上级反馈，同时也要做好和家长的日常沟通工作，做到家校联动，把上级部门的政策和要求贯彻好、执行好。

作为家庭，也应该主动学习相关的育儿知识、教育理念，遵守国家教育主管部门和幼儿园的有关规定，出现问题及时向幼儿园反馈，给幼儿一个健康、轻松的成长环境，确保他们健康发育、稳定发展，顺利进入小学生活。

教育主管部门、幼儿园、家庭三者之间要良性互动，互通有无，及时研判，确保在幼小衔接的课程中幼儿能够获得真正的成长，同时要保证幼儿的心理健康和身体健康，给他们营造一个宽松、快乐的成长环境，让他们拥有一个幸福的童年。

第三章
CHAPTER THREE

小学阶段体育教育发展及其内容衔接

第一节 小学运动技能发展特点

随着年龄的增长，小学生的运动技能呈现出不同的发展特点，且在学习与掌握运动技能的过程中容易受到多方面因素的影响，主要有先天因素、后天环境因素、运动经验、学生个性因素、练习因素、学习阶段等。当然，这些因素对小学生运动技能发展的影响大小不一。

一、小学运动技能的类型

儿童会在其童年早期至中期，即 3～8 周岁期间形成多种基本运动技能。而基本运动技能是在婴儿时期的反射动作的基础上发展而成的，同时也是过渡性运动技能与专门的竞技运动和舞蹈技能的基础。由此可见，运动技能可以分为基本运动技能和专项运动技能。

（1）基本运动技能可理解为基本活动能力，它是指维持人体生存所必需的基本活动技能，如走、跑、跳、投、攀登、爬越、支撑、负重、搬运、涉水等。这些技能由于与人们的日常生活息息相关，故被视为人类赖以生存的基础。

（2）专项运动技能可理解为与某一运动项目相关的运动技能，如篮球专项技能，包括运球、传球、投篮等。

小学生正处于基本运动技能发展的关键期，教师应重视小学生基本运动技能的教学。以下重点介绍基本运动技能的分类、发展特征及评价。基本运动技能依据运动的功能可分为稳定技能、位移技能和操控技能三类。

（1）稳定技能是指获得和保持稳定的身体定向的技能，主要强调的是维持身体的静态和动态平衡，常见的技能有单脚站立、走平衡木、屈伸、扭转、滚动等。

（2）位移技能是指身体从一个地方移动到另一个地方的技能，常见的技能有走、跑、跳高、跨栏等。

（3）操控技能强调的是对各种器械的操控能力，常见的技能有投掷、篮球运球、踢足球等。

这些基本运动技能将使儿童在运动反应中有更多的选择，为他们的运动表现提供更大的自由度。例如，当一名儿童有很多机会在原地或运动中踢大小和重量各异的物体，并且这些物体既包括运动的也包括静止的，他将建立一系列的动作模式并能胜任许多特定任务。当儿童参加足球等动作的顺序和方向快速变化的比赛时，这些被充分发展的基本运动技能使其在回应队友或对手的动作过程中有更多的选择。这个概念类似于向银行储蓄账户存钱。如果存款人持续将钱存入他的账户，那么他便可以在需要的时候取出不同数额的资金来用。那些坚持练习，从而在“账户”中储备了很多基本运动技能和模式的儿童，当遇到更复杂的动作情况时，就能够依赖这些基本运动技能和模式做出更恰当的反应。

二、小学生基本运动技能的发展特点

小学生基本运动技能的发展特点是选择小学体育与健康教学内容的重要依据。只有依据小学生的身心发展特点以及基本运动技能的发展特点所确定的小学体育与健康教学内容才是科学且合理的。因此，明确小学生基本运动技能的发展特点，对体育教师深入理解小学生体育与健康学习基础至关重要。

小学生基本运动技能发展特点的研究有两种取向：一是整体取向，二是部分取向。整体取向是指对某一完整动作在不同阶段的特点进行描述；部分取向是指对某个动作的部分肢体动作（上肢、下肢和躯干等）的发展特点进行描述。运动技能的完整发展特点比较直观，便于教师快速判断儿童的基本运动技能发展阶段；运动技能的部分发展特点比较具体，有助于教帅深入分析学生某一运动技能的表现情况，对儿童运动技能的干预和促进有重要意义。根据动作发展研究成果，小学阶段应着重发展的主要位移技能有跑、单脚跳、双脚跳和垫步跳等，操控技能有投、接、踢、击打（挥击）等。

三、小学生运动技能发展的影响因素

（一）先天因素

先天论认为，动作功效必须依赖神经系统和骨骼肌肉系统的成熟，这些系统的发展在很大程度上受基因的控制，每一个系统都由大量的组织和细胞组成，这些组织和细胞中的基因告诉它们何时以及如何履行各种各样的功能与义务。换言之，这种观点认为什么时候以及如何达到每一个里程碑，是被预先计划好的。

在同一项目上的优秀运动员往往具有同种基因，比如练短跑的都具备一种基因，这个基因与人体肌肉的爆发力有着紧密的关系，这也就为基因选材提供了可能。也就是说，如果具有某种类型的基因，那么儿童在特定的项目上成功的概率将会高很多。

因此，如果一个人没有运动天赋，则基本上不可能取得极佳的运动成绩。而运动天赋其实质就是个体天然的优秀的运动遗传素质。构成人体运动能力的绝大多数性状具有很强的遗传性，且一般呈常态分布。在运动能力的遗传中，具有卓越运动才能的亲代，只要不是极端个体，其子代中有半数会具有优秀的运动才能，而且有可能超越亲代个体。亲缘越远，这种可能性也越大。国内外众多运动世家和冠军家族的出现，也足以证实这一点。

（二）后天环境因素

一个优秀运动员的成长，除了要有先天的遗传因素，还需要有后天的刻苦训练，因为一个新的大肌肉群运动技能的获得，是建立在给定的环境中执行此项动作任务的机会上的。

对于大部分儿童、青少年学生而言，由于先天遗传素质基本差别不大，因此，后天的学习与努力更为重要。因为要掌握多种运动技能，没有兴趣不行，不付出努力更不可能，掌握运动技能的诀窍在于反复地练习与坚持不懈地努力。小学生对体育的努力程度对小学生体育与健康教学而言同样具有重要的意义。

（三）运动经验因素

知识并不等于技能，但技能的形成必须依赖知识，知识越丰富，对克服技能学习的难点越有帮助。只学习理论，不学习操作，很难形成任何运动技能；只模仿操作，不学习有关理论，其运动技能也不能得到进一步发展。理论可以加快运动技能的获得，可以免去或减少运动技能形成过程中的错误。

在运动经验方面，大部分小学生处于同一个层次、同一个水平，当然也有部分小学生例外，这些小学生正是教师在教学设计学情分析中需要关注的，也是可以利用的人力资源。

（四）学生个性因素

在运动技能形成过程中，学生的个性特征起着重要的作用。因为在进行某种动作时，人的个性不同，所表现出来的行为方式也不同。

与出色完成竞赛活动有关的个性因素包括：达到目标的动机、忍耐力、对刺激的抵抗力、保持稳定的能力、控制能力、任劳任怨、吃苦的能力、自信、大胆和心胸开阔等。良好的个性品质对运动技能的形成可起到促进作用。

另外，个性与运动技能的形成有密切联系。例如，外向型的人适合进行耗费力气的活动，而内向型的人适合进行精细、准确的活动；外向型的人动作速度快，而内向型的人动作准确性高；等等。这些都说明个人个性与运动技能的形成有千丝万缕的联系。

从小学生个性角度分析，大部分小学生天真活泼，性格率直，什么样的个性都会表现得淋漓尽致，在体育与健康教学活动中更不例外。因此，体育教师要关注小学生的各种外在表象，根据小学生的个性特征开展有效的教学活动，并时刻注意自身为人师表的形象，在为小学生树立榜样的同时，给小学生构建一种较为宽松的、和谐的、和平的教学氛围。

（五）练习因素

练习是指有意识、有计划、有系统地以改进动作和提高学习效果为目的的重复活动。它是运动技能形成的基本途径和有效方法。练习使人的动作从本质上发生变化，这种变化表现为人在完成动作时心理结构的变化。这种变化不仅表现在人记住了动作方式和动作任务，而且表现在分析与研究任务的方法、解决任务的方法和调节动作的方法等方面。技能是在练习中形成的，但并非所有的练习都能达到同样的效果。有一些练习可能会较快地形成技能，有一些练习的收效则比较慢；有一些练习可能使动作方式达到高级水平，有一些则只能达到低级水平。这与练习的性质及影响有效练习的因素有关。

（六）学习阶段因素

从练习者生理和心理变化角度来划分，运动技能的学习可分为五个阶段，即初期努力阶段、停滞阶段、后期努力阶段、一蹶不振阶段、生理极限阶段。

（1）初期努力阶段。一般来说，学习者在练习初期进步很快，有直线上升的趋势。这是因为练习者在练习初期可以利用过去经验中的一些方式方法和已经掌握的一些运动技能，所以进步较快。另外，练习者在练习初期对学习新动作兴趣高、劲头足，练习比较认真，这也是进步较快的原因之一。在练习初期，某些动作相对简单，有的运动技能被分解为一些局部动作，其比较容易掌握，进步较快。在个别运动技能形成的初期阶段，练习者的进步有先慢后快的趋势，如游泳、武术等，开始掌握动作较慢，之后逐渐加快，其原因主要是这些项目的动作难度较大。因此，教师在指导练习者掌握这些技能时，应特别要求在基本技能训练上下功夫。

（2）停滞阶段。在运动技能形成的过程中，练习效果会出现暂时停滞或暂时后退的现象，称为“高原现象”。通常而言，这是运动技能由低级阶段向高级阶段飞跃之前出现的暂时现象。但这种暂时的停滞现象并不会出现在所有运动技能形成的过程中，对简单动作的学习一般不会出现“高原现象”。

产生“高原现象”的原因包括以下几点：第一，技能的提高需要改变旧的动作结构和完成动作的方式方法，而改进动作结构和采用新的方式方法都比较复杂，于是在一定时期内，练习效果会处于停顿甚至稍后退的状态。第二，练习者身体素质发展不充分，不适应复杂动作技能的要求。当身体素质有所上升时，练习效果就会得到提高。第三，练习者的主观状态，如练习兴趣、情绪和疲劳等，在练习中期，由于经过较长时间的练习，练习者对运动的兴趣可能有所降低，甚至产生厌倦等消极情绪，练习就很难进步。另外，疲劳状态容易导致心理活动机能水平降低，形成生理和心理上的恶性循环，这也会导致“高原现象”。

(3) 后期努力阶段。后期努力阶段，即在“高原现象”出现后继续练习，迈入练习新高度的进步阶段。在停滞阶段的练习过程中，练习者改变了旧的动作结构，找到了完成动作的新方法，使运动方式逐渐合理，身体素质有了新的发展，练习兴趣、情绪状态及健康状况等都有了恢复，此时就能突破“高原现象”，进入一个新的阶段，使练习成绩继续提高。

(4) 一蹶不振阶段。当练习达到一定的高度时，虽然练习者想继续跃进，但由于过度疲劳、练习方法欠佳、动作技能间相互干扰、环境条件设施不完备或身体有病等，技能水平会出现暂时降低的现象。

(5) 生理极限阶段。在消除了“高原现象”和一蹶不振现象后，练习者可以继续提高活动动机水平，反复练习直至达到最大可能的极限。一般来说，从掌握动作技能的实际情况来看，练习者的潜力是很大的，尤其是青少年学生，个体很难达到真正的生理极限。

对于小学生而言，大部分运动项目的学习基本上处于前两个阶段，即初期努力阶段与停滞阶段。但也有一些运动项目例外，如游戏项目，小学生学习该项目的年龄较早，时间较长，因此，在产生“高原现象”的同时，他们还可能通过自身的努力克服“高原现象”，取得成绩上的突破。

第二节　小学体育与健康教学的目标

一、小学体育与健康教学目标的设计

教学目标设计是教学设计的关键一环，设计科学、合理的教学目标是有效实施教学的重要策略。教学目标设计得是否合理，直接影响体育与健康教学的质量，最终影响学生体育学科核心素养的培育。

（一）小学体育与健康教学目标设计的概念

(1) 教学目标。教学目标是指教学活动实施的方向和预期达成的结果，是一切教学活动的出发点和最终归宿。教学目标要依据课程目标进行设计，是教育目的、教育目标、培养目标和课程目标的具体体现。它与教育目的、教育目标、培养目标、课程目标等概念既存在联系，也存在区别。教育目的、教育目标、培养目标对教学目标的设计起到宏观指导作用；课程目标对教学目标的设计起到直接的指导作用，课程目标必须通过教学这一途径来实现，其定位属于微观层面。

（2）体育与健康教学目标。体育与健康教学目标是体育与健康课程的亚目标。体育教学目标是指体育教学中为实现学校体育教育目的所提出的要求。体育与健康教学目标是由体育教师依据课程目标制定的，对体育与健康教学活动具有较强的指导性，但也具有一定的灵活性。

（3）教学目标设计。教学目标设计是对教学应达到的结果或标准的预设，它建立在对教学对象、教学内容及教学条件有一定了解的基础上。教学目标的设计是指确定通过学习某一项从属的知识和技能，学生将达到一种什么样的行为状态，并将学生通过学习后所达到的最终行为状态用具体的、明确的和能够操作的目标表述出来的过程。

小学体育与健康教学目标设计是指体育教师依据《义务教育体育与健康课程标准（2022 年版）》（以下简称《体育与健康课程标准》）提出的目标，结合小学生的身心发育特点及教材特点，确定在学习体育知识和动作技能后，学生将达到一种什么样的行为状态，并将学生在体育与健康学习后所达到的最终行为状态用具体的、明确的和可操作、可测量的结果或标准表述出来的过程。

（二）小学体育与健康教学目标设计的意义

（1）有利于实现小学体育与健康课程目标。课程目标是课程中教育价值的具体体现，是课程实施所要达到的预期目标和结果。然而，课程目标是立足每节课教学目标的达成而实现的，这在一定意义上取决于教学目标设计的科学性及合理性程度。因此，只有恰当地设计并达成每堂课的教学目标，才能完成课程的总目标。对于教学目标的设计，把宏观和中观层面的教学目标分解细化，体育教师对小学体育与健康课程目标体系就会有清晰的、统一的认识，以便更好地促进学生身心的全面发展，从而实现课程目标。

（2）有利于提高教师的教学效果。小学体育与健康教学目标是指引体育教师进行教学活动的指南，对体育教师的教学具有调控功能。教学目标的确定，有助于体育教师围绕教学目标开展教学活动的设计，有助于体育教师合理安排教学内容，选择教学方法及教学组织形式等。具体、明确的教学目标，将有效地调控课堂教学活动，促使教学达到预期的标准或要求，提高教学效率和教学效果。

（3）有利于学生明确学习目的，提高学习效率。教学目标规定了教学的方向，降低了教学的盲目性，有助于学习过程顺利进行。学生对教学目标的明确与否决定学生的学习态度和学习效果，也直接影响体育与健康教学的质量。学生明确了教学目标，并做到心中有数，有利于内化教学目标，也有助于增强学生学习的积极性、主动性，提高学生的学习水平和学习效率。

（4）有利于师生对教和学效果的评价。教学目标是教学评价的依据。确定明确、具体、可操作的教学目标，有利于教学评价的有效实施。无论是进行诊断性评价，还是进行形成性评价，都要以体育与健康教学目标为依据。教师通过对小学体育与健康教学目标的设计，使学生明确要学习的内容和应该达到的水平，评价自己的学习，找出与教学目标的差距，产生强烈的责任感，提高自我调控能力。

（三）小学体育与健康教学目标设计的要求

(1) 宏观教学目标，应全面把握，整体统筹。教学目标的设计是在教育目的、培养目标的宏观指导下，结合特定的教学对象、教学内容、教学条件进行的。这就要求小学体育与健康教学目标设计要在宏观上系统把握体育对人的全面发展的作用，从德、智、体、美、劳等多方面对学段、水平及学年体育与健康教学目标进行整体设计，只有这样才有助于实现小学阶段的体育与健康课程目标。同时，在设计教学目标时，各学段、水平教学目标和学年教学目标要层层衔接，以更好地将上层教学目标进行合理分解，进而完成各层次的教学目标，以达到整体协调。

(2) 中观教学目标，应详略恰当结合，前后衔接。小学体育与健康教学目标，在中观层面上有学年和学期教学目标。这个层面一定要注意依据学段和水平对教学目标进行分解，要详略结合，同时注意对微观教学目标要有指导作用，做到前后联系与衔接。

(3) 微观教学目标，应明确、具体、全面、可操作和可测量。学段和学年教学目标的表述可宏观些，而具体到每堂课的教学目标必须明确、简洁、可操作，一般以 3～4 个为宜。简洁、可操作的目标有助于教师和学生明确每堂课的具体教学任务，并选择合适的方法进行教学，同时还有助于教学评价的实施，进而更有利于直接地评价、清晰明确地反馈课堂教学效果。

二、小学体育与健康教学目标的分类

对教学目标分类的研究，已逐渐形成了较为完善的理论体系，对教学实践产生了深远的影响。体育与健康教学目标分类作为教学目标分类的一个分支，同样受到学校体育理论与实践工作者的广泛重视。

西方对于教学目标分类理论的研究较早，并出现了一些教学目标分类流派，比较有影响的有布鲁姆、加涅、梅耶等人的研究。国内外比较公认的是美国教育家布鲁姆的目标分类，他将教学目标分为认知、运动技能和情感三个领域，并划分为不同的层次。布鲁姆的“认知、运动技能、情感”目标分类对体育与健康教学目标的分类及制定具有较大的启示，但这种分类缺少促进学生身体发展的目标。因此，体育与健康教学目标分类不能照搬布鲁姆的教学目标分类体系，应在原有基础上进行完善。就目前来看，国内外对体育与健康教学目标的分类主要有以下内容。

（1）我国《教育大辞典》的分类方法。包括：①认知类；②技能类；③情感类；④综合类。

（2）《体育与健康课程标准》的分类方法。《体育与健康课程标准》依据知识与技能、过程与方法、情感态度与价值观的三维课程目标，结合体育与健康学科特点，建构了运动参与、运动技能、身体健康、心理健康与社会适应四个学习方面的目标，并指出从体能、知识与技能、态度与参与、情意与合作四个方面对学生的学习进行综合评价。由于教学目标的达成情况是通过教学评价来判断的，因此，《体育与健康课程标准》又将体育与健康教学目标分为体能、知识与技能、态度与参与、情意与合作四个方面。

（3）美国海德洛特的分类方法。美国海德洛特把体育教学目标分为认知、情感、运动技能和体能四个方面。

第三节　小学体育与健康教学设计理论

一、小学体育与健康教学设计概述

（一）小学体育与健康教学设计的概念

概念是反映事物或对象本质属性的思维形式，包括内涵和外延，即其含义和适用范围。要认识小学体育与健康教学设计，首先要了解与其相关的概念，如设计、教学设计的概念等。

（1）设计。设计是指在活动之前，根据一定的目的和要求，预先对活动所进行的创新性探究或策划。

（2）教学设计。教学设计是设计的一种类型，学者们在对其概念进行界定时有不同的侧重点，但其共同点在于教学设计是对教学活动进行策划的过程，最终要形成一种操作方案。

（3）体育与健康教学设计是教学设计的一种，与其他学科的“教学设计”相比，体育与健康教学设计突出体现“体育与健康”的学科特点，注重对体育与健康教学特点和教学规律的把握。体育与健康教学设计是根据教学目的和教学条件，对某个过程（如学段、学年、学期、单元和课时）的教学所进行的各方面的最优化研究工作和计划工作。

综上所述，小学体育与健康教学设计的概念可以理解为在教学活动之前，以相关理论为基础，根据小学体育与健康学科的特点、目的和要求，运用系统分析方法，预先对小学体育与健康教学活动诸要素进行的创新性探究或策划，它是一个系统规划小学体育与健康教学系统的过程。简而言之，就是指为了达到小学体育与健康教学目标，对教什么和如何教进行设计的一种操作方案。

（二）小学体育与健康教学设计的特征

小学体育与健康教学设计是对某一教学过程的预先理论设想，是在教学活动之前对其进行的策划，这就决定了小学体育与健康教学设计具有针对性、预设性、严密性、创造性四个方面的特征。

（1）针对性。由于小学体育与健康教学计划包括六个层次（学段教学计划、水平教学计划、学年教学计划、学期教学计划、单元教学计划、课时教学计划），因此，设计者应对不同的教学计划进行有针对性的设计。以上各类教学计划具有一定的共性，但也存在着一定的差异，如水平教学计划侧重设计小学三个不同水平的体育与健康教学；学期教学计划针对的是某个学期体育与健康教学的教材内容、教学目标、教学内容编排等；而课时教学计划则是每一个体育教师应关注的最为重要的计划，也是课前必须完成的教学计划。因此，在设计课时教学计划时要结合学生的学情、教材特点、学校场地器材特点等，较为系统详细地设计出符合小学各个年龄层次与特点的体育与健康教学计划。

（2）预设性。各类教学计划需要在教学实施之前完成，小学体育与健康教学设计具有预设的特点。预设表现在课前，指的是教师对课堂教学的规划、设计、假设、安排，其目的在于事先对体育与健康教学各个环节、各个要素等进行设计和安排，以增强教学实施的有效性。

预设是必要的，凡事预则立，不预则废。课堂教学是一种有目的、有意识的教育活动，预设是体育与健康教学的基本特征，是保证体育与健康教学质量的基本要求。但由于教学设计在先，体育教师对教学内容的理解、教学对象身体及运动技能的把握、教学条件的分析、教学方法和手段的采用等具有较大的动态性，而设计的结果则是在这种动态变化中产生出来的，因此，所设计出来的教学计划具有不确定性。这就要求体育教师在课前必须对教学目标、教学方法、教学手段、教学策略、教学过程有一个清晰和理性的安排，这样才能在课堂上有的放矢，增强体育与健康教学的有效性。

预设与生成是辩证的、对立统一的关系，体育与健康教学既需要预设，更需要生成，预设是对文本的尊重，生成则是对学生的尊重。总之，小学体育与健康教学设计是预设的，它必须在体育与健康教学实践中实施才能生成其成果。

（3）严密性。各层次小学体育与健康教学计划之间存在较强的逻辑关系，如学段教学计划是水平教学计划的基础与依据，学年教学计划是学期教学计划的基础与依据，单元教学计划是课时教学计划的基础与依据，而课时教学计划则是单元教学计划的具体展开。

从某一层次小学体育与健康教学计划的设计来说，其内部各要素之间也存在较强的逻辑关系。如课时教学计划设计由指导思想、教材分析、学情分析、教学目标制定、教学方法与手段安排、教学策略与评价选择等要素组成，其中各个要素之间并不是割裂的，而是存在一定关系的。若要研究制订体育与健康课堂教学计划，一方面，需要分析课堂教学内容（运动项目特点、难度、学时等），并了解学生学习该教学内容的基础（曾学了什么、学到什么程度）；另一方面，需要了解学校的体育场地器材等。只有全面了解了以上要素，制定的计划才有一定的针对性。

（4）创造性。在日常生活及生产劳动中，有许多富有创意的设计让人过目难忘。同样，在小学体育与健康教学设计中也常有别具一格的构思反映出体育教师的创造力和想象力，尤其是在小学体育与健康教学中游戏的创编、新颖练习手段的开发设计、队列及队形的变换、场地器材的布置等方面，均可体现出体育教师丰富的空间想象力和创造力。

（三）小学体育与健康教学设计的基本理念

21 世纪，要设计出既符合新一轮课程改革精神，又符合体育与健康教学实际和学生身心发展需要的小学体育与健康教学计划，就应牢记以下四个要点。

（1）突出体育与健康学科“健身育人”的价值，促进学生健康成长。“健身育人”是体育与健康课程的基本理念，也是其本质功能，尤其是当前国家高度重视青少年学生的体质健康，迫切要求通过学校体育来促进青少年一代的身心健康，这就对小学体育与健康教学设计提出了新的更高要求。尽管学生的身心健康受多种因素的影响，但体育与健康课程可以结合本学科的特点，将发展身体、培养坚强的意志品质、形成健康的生活方式和乐观开朗的态度结合起来，将“健身育人”渗透到体育与健康教学设计、实施、评价的每一个环节和每一项活动中，在每个微细之处进行培育。

（2）帮助学生激发运动兴趣，体验运动乐趣，养成锻炼习惯。喜爱运动是小学生的天性，如何将小学生喜爱运动的天性在体育与健康教学中充分予以激发，是体育与健康教学设计应考虑的关键问题。教学艺术的本质不在于传授本领，而在于激励、唤醒。兴趣是最好的老师，学生的运动兴趣直接影响锻炼行为和效果。因此，在小学体育与健康教学设计中，从目标的确定、内容的选择到教学方法手段的运用等，都要考虑对学生兴趣、爱好及运动天性的激发和唤醒，并进一步引导其对体育锻炼产生更加浓厚的兴趣，养成参加体育锻炼的良好习惯，从而受益终身。

（3）面向全体学生，关注有特殊体育需要和残障学生的体育锻炼。小学体育与健康教学设计应在面向全体学生的基础上，特别关注并安排好两类学生的体育学习：一类是具有体育特长和运动爱好的学生；另一类是身体有残障的学生，尤其是后者，更应引起教师的关注。在设计教学时，体育教师应尽可能地结合他们的实际情况，设置适宜的教学目标，安排力所能及的练习内容，创造机会引导他们参与课堂体育锻炼和学习。

（4）突出学生的主体地位，重视创新意识和实践能力的培养。就小学体育与健康教学而言，体育与健康教学的动态性为小学生创新意识和实践能力的培养创造了多种有利条件。在进行小学体育与健康教学设计时，体育教师要牢固树立以学生发展为中心的思想，在教学策略设计上下功夫，为学生创新意识和实践能力的培养创设多种情境和机会。

二、小学体育与健康教学设计的理论基础

（一）系统理论和小学体育与健康教学设计

近年来，系统科学在教育领域内应用得比较广泛，系统是教学设计的特征之一。系统理论认为，系统是由相互作用和相互依赖的若干组成部分结合成具有特定功能的有机整体。教学设计工作者在长期的探索中，确定了以系统论思想作为教学设计的指导思想，把教学作为系统来研究，以系统方法作为教学设计的核心方法。其中，系统理论的以下基本思想和观点，对研究小学体育与健康教学设计有重要作用。

1. 系统理论的基本观点

系统理论认为，系统就是相互作用的元素的综合体。系统的构成至少要满足以下三个条件：①有一定的元素，因分析的需要，把其主要元素称为要素；②有一定的结构，即元素之间的相互关系，元素之间没有关系，不能构成系统；③有一定的环境，系统是一定环境中的系统，它在一定的环境作用下，又作用于一定的环境，没有环境也就没有系统。

由此，系统理论的基本观点可概括为系统的整体观、系统的结构决定系统的功能、系统的开放性与动态性、系统的最优化四个方面。

2. 系统理论对体育与健康教学设计的贡献

体育与健康教学系统是学校教学系统的子系统，它可以是整个课程的实施过程，也可以是一个学段、一个水平、一个学年、一个学期、一个单元或一个课时的教学，而体育与健康课堂教学系统是由一定数量的相互联系的要素（如教师、学生、教学目标、教学内容、教学策略、教学评价、教学环境等）有机结合成具有某种教学功能的综合体。这些要素之间是密切联系的，围绕一次课的体育与健康教学目标建立起来一定的结构。体育与健康教学系统离不开一定的社会环境，教学设计的一项重要任务就是将教学系统与具有提供学习资源潜在可能性的社会系统联系起来，不能只关注体育与健康教学系统内部的构建，而忽视了教学系统的开放性。这就要求体育教师在进行课堂教学设计时不能孤立地考虑某个或某几个要素而忽视了各要素之间的联系，要以系统的、总体

的、开放的视角去看待每个要素，使其形成一个有机体。

系统理论对体育与健康教学设计的贡献主要包括两个方面：一是为制定体育与健康教学设计方案和解决体育与健康教学问题提供了系统工具，如设计教学过程流程图等；二是为体育与健康教学设计提供了系统分析的方法，用以分析体育与健康教学系统各要素，以及制约更大的系统（学校体育系统、教育系统、社会系统）对体育与健康教学设计所产生的影响。

3. 系统理论对小学体育与健康教学设计的要求

小学体育教师对儿童从小学树立正确的体育观至关重要，因此，在进行小学体育与健康教学设计时要特别注意以下三个方面的系统性。

（1）学生身心发展的系统性。小学生处于身心发展的快速期，容易对外界刺激产生兴趣，喜欢直观、形象的信号刺激，但注意力集中时间不长。因此，教学设计应更形象化、直观化，不断变换学习内容与方法，给予其新鲜刺激，使小学生保持较长时间的练习兴趣。在身体发育方面，由于小学生的力量、耐力等尚未发展充分，因此不建议安排力量性、耐力性较大的学习内容。体育教师要从小学生的身心特点出发，系统地策划小学体育与健康教学设计方案。

（2）学习内容的系统性。体育与健康的教学内容十分丰富，在新的课程理念下，体育教师被赋予更多选择和编排教学内容的权力。小学体育教师在进行教学设计时，不仅要考虑小学生的身心发育特点，还要分析该年龄段的动作技能发展特征，明确小学阶段应完成哪些核心内容的学习，从而实现小学、初中、高中学生体育教学内容的有效衔接，避免各学段教学内容的低级重复。

（3）体育与健康教学要素的系统性。体育与健康教学作为一个系统，包含教学目标、教学内容、教学方法、教学环境、教学评价以及教师和学生等多个要素。教师在设计教学环节时不能孤立地考虑某一环节而忽略了其他环节，不同的教学系统条件一定存在最优的组合方案，这就要求教师善于发现本校教学系统各要素的特点，优化教学设计方案。

（二）信息传播理论和小学体育与健康教学设计

传播就是将信息从一地传到另一地，传播理论研究的是信息的传播过程、信息的结构和形式、信息的效果和功能等问题。因此，传播的本质是信息的流动，信息是构成传播的基本材料。教学过程就是一个信息的传播过程，传播理论揭示了教学过程各要素之间的动态联系及相互关系，描绘了教学过程中的信息传播过程，为体育教师进行教学设计提供了理论依据。

1. 信息传播的模式

（1）“5W”信息传播模式。构成传播过程的五种基本要素包括谁、说了什么、通过什么渠道、对谁、取得什么效果。该模式包括传播者、信息、媒介、接受者和传播效果，传播学研究包含五大内容，即控制分析、内容分析、媒介分析、对象分析、效果分析。将该模式运用到教育教学过程中，就是“教育者”通过“教育媒体”向“受教育者”传递相关“教育信息”，取得相应的“教育效果”。

“5W”信息传播模式为传播研究提供了简明的五分类法，初步揭示了传播过程的复杂性，受到了广泛的重视和应用。

(2) 贝罗传播模式。贝罗传播模式也称SMCR模式。该模式综合了哲学、心理学、语言学、人类学、大众传播学、行为科学等新理论，可解释传播过程中各个不同的要素。当前，贝罗传播模式常被用来解释教育传播过程，这说明它在教育传播过程中具有较大影响。贝罗传播模式把传播的过程分为四个基本要素：信源、信息、通道和接受者。

在这一模式中，传播技能包括传播者的口语、文字表达艺术，接受者的听、读技能以及他们掌握、利用媒体的能力；态度包括传播者和接受者的自我态度与相互态度以及传播内容的态度；知识水平既包括传播者对传播内容、方法的掌握程度，也包括接受者的认识结构水平；社会系统与文化背景即传播者和接受者的社会阶层及文化背景对所传播信息的理解和需要。

从贝罗传播模式来看，决定教学信息传递效率和效果的因素是多方面的、复杂的，各因素之间既相互联系又相互制约。因此，要提高教育传播的效果，就必须综合研究和考察各方面的因素。

2. 信息传播理论对小学体育与健康教学设计的影响

与其他学科相比，体育与健康教学中的信息交流从形式到内容都有其特殊性，以非语言信息交流为主，信息源的流动性、信息的隐蔽性、信息传播的干扰性是体育教学信息传播的主要特点。这就要求体育教师在进行教学设计时，应将传播理论与教学信息传播特点相结合，做好以下三个方面的工作。

(1) 了解教学对象及教材特点。设计前的主要任务是：了解教学对象已有的体育与健康基础、经验、兴趣、动机，对教材内容做充分分析，并认真考虑传播程序，同时结合音像资料，选编教学信息内容，明确哪些信息内容是接受者可以学懂、学会、学好，容易掌握运用的；又有哪些信息内容是接受者感到难懂、难会，不易学好和难以掌握的。

(2) 优选教学媒体和教学方法。教师应根据教学目标优化的要求和教学对象的实际、采集信息的状况，以及自己的优势，确定选择何种教学媒体，采用何种方法对学生进行启发、诱导。因体育与健康教学有其特殊性，师生之间的语言信道和动作信道成为教学信息传播最为简捷、有效的手段。如运动技能的学习除了传统的讲解和示范，还可以利用现代化的教学手段（如利用电子产品观看教师提前准备好的视频），通过视觉、听觉、触觉等多种信号途径进行多感官的传播。这样不仅可以吸引学生的注意力，还可以调动学生学习的积极性，从而提高教学效果。其中，现代教学媒体构成的信道对教学信号具有放大、增值的作用。

（3）重视教学反馈的设计。教学传播是一个传输与反馈的双向过程，既有教师向学生发送信息，又有学生向教师反馈信息。师生之间的信息交换是可逆的，教学表达也具有双向性、同时性的特点。教师应及时注意学生的反应，了解教学信息传播的效果，适时地进行教学信息的反馈活动，重视教学反馈的时机、形式的设计，并由此调控教学表达的速度与节奏。

（三）学习理论和小学体育与健康教学设计

学习理论解决的是学生如何进行学习的问题，属于微观层面的内容。学习理论是心理学的一门分支，是对学习规律和学习条件的系统阐述，它主要研究人类与动物的行为特征和认知心理过程。随着近代自然科学的发展，特别是心理学的发展，人们开始探索人类学习的机制问题。学习机制的变化与教学设计的模式、程序、要素等有着密不可分的联系，是教学设计重要的理论基础。了解不同学习理论及其对小学体育与健康教学设计的影响具有重要的理论及实践意义。

1. 学习理论的主要流派

学习理论在不断发展与进步的同时，也产生了许多不同的观点，形成了不同的流派。其中影响较大的有行为主义学习理论流派、认知主义学习理论流派、人本主义学习理论流派与建构主义学习理论流派。

（1）行为主义学习理论流派。行为主义学习理论源于行为心理学，极其重视对学习过程的研究，认为学习就是行为的变化过程，是一定的刺激与一定的反应形成联结的过程。对行为主义学习理论的产生及发展有较大影响的学说主要有桑代克的“联结说”、巴甫洛夫的“条件反射学说”、华生的“行为习惯说”、斯金纳的“强化学说”和班杜拉的“观察学习说”。

其主要观点包括：①学习的实质在于形成刺激—反应联结；②刺激、反应之间的联结是直接的，不存在观念的中介；③学习过程是尝试—错误的过程；④影响学习的因素在外部，强调强化对学习的作用。

行为主义学习理论对于人类掌握运动技能发挥了重要作用，实际上，学习运动技能过程中的反复练习就是一种外在刺激的强化，至今，这种学习方式在运动技能学习过程中依然发挥着重要作用。

（2）认知主义学习理论流派。由于行为主义的各种局限性不断暴露，受到各方的攻击而出现了危机。此时，认知心理学悄然兴起。早期的认知主义学习理论包括格式塔心理学家的“顿悟说”、托尔曼的“认知—期待说”。早期的认知主义学习理论研究的对象主要是动物的学习过程，20 世纪 60 年代研究的主要方向转到学生的知识学习过程。这一时期相继出现的主要学习理论有布鲁纳的“认知—发现”学习理论、奥苏贝尔的有意义言语学习理论、加涅的认知主义学习理论。

这一时期的学习理论主要以学生的间接经验学习过程为研究对象，注重对学生的学习认知过程和内部条件的研究，研究方法较多地采取自然实验或现场实验方式，最大的特点是将学习理论的研究与课堂教学理论的研究紧密结合。

认知主义学习理论的基本观点是，学习过程不是简单地在强化条件下形成刺激与反应的联结，而是有机体积极主动地形成新的完形或者认知结构。有机体获得经验的过程是通过积极主动的内部信息加工活动形成新的认知结构的过程。

从上述观点可以看出，认知主义学习理论比行为主义学习理论更加复杂，开始深入研究较难弄清楚的人类学习心理机制问题。在运动技能的学习过程中，个体对技能的认知显然存在一定差异，因此，认知主义学习理论对体育与健康教学的意义重大，较行为主义学习理论有了更进一步的发展。体育运动技能学习过程中的认知机制至今还没有比较完善的研究，运动技能的复杂性也决定了该问题更具有挑战性。

（3）人本主义学习理论流派。20世纪60年代，一个强调人的潜能的自主发挥，倡导人的“自我实现”，与行为主义心理学根本对立，又与其他心理学派别有重大分歧的心理学派悄然兴起，它便是人本主义心理学。人本主义学习理论的提出基于人本主义心理学的发展，代表人物有马斯洛和罗杰斯。

人本主义学习理论重点研究和关心的是人的本性、人的潜能和价值，认为学习就是学习者发挥潜能和自我实现的过程，即学习者获得知识、技能，发展智力，探究自己的情感，学会与教师和班级成员进行交往，阐明自己的价值观和态度，实现自己的潜能，达到最佳境界的过程。但这些需建立在一定的基本原则上，如必须尊重和相信学习者、必须建立良好的师生关系、教师必须是有感情的等。

人本主义学习理论所强调的学习，是学习者发挥潜能和自我实现的过程，将人极其丰富的内心世界放在前面，这正是行为主义和认知主义所忽视的。

人本主义学习理论是当前教育界与体育界比较推崇的理论，我国新课程改革也充分地吸收了人本主义思想内涵，即从学生发展角度研究学习。

（4）建构主义学习理论流派。建构主义学习理论是一种新的学习观，是继认知主义之后学习理论的又一场重要变革，向与客观主义更为对立的另一方向发展。

建构主义学习理论认为，学习不是教师把知识简单地传递给学生，而是学生自己建构知识的过程；学习不是被动接收信息刺激，而是主动地建构意义，是根据自己的经验背景，对外部信息进行主动选择、加工和处理，从而获得自己的意义；同化和顺应是学习者认知结构发生变化的两种途径或方法。换言之，学生的学习过程是在教师创设的情境下，借助已有的知识和经验，主动探索，积极交流，从而建立新的认知结构。

随着人们对建构主义的了解，在世界范围内，包括我国的学者对其评价褒贬不一，批评该理论最突出的问题是完全由学生自主学习，属于唯心主义的哲学观，忽视教师的地位等。

上述各种学习理论在历史和现实体育与健康教学中，都发挥了重要的理论支撑作用，尽管每种理论都存在一定的优缺点，但在进行体育与健康教学设计时，教师不能忽视任何一种理论。当前的体育与健康教学设计的学习理论基础是上述几种理论的混合体，如何有效地将之整合起来，为体育与健康教学设计服务是一线体育教师要思考的重点问题。

2. 学习理论对小学体育与健康教学设计的影响

学习理论流派较多，每一种流派又包括许多不同的学习理论，由于每一种学习理论都有其局限性，因此试图通过一种学习理论来指导教学是错误的。在进行小学体育与健康教学设计时，不能单独以一种学习理论流派或某一个理论为依据，应吸取各家之长，发挥其综合作用。下面以三种具有代表性的学习理论为例，阐述其对小学体育与健康教学设计的影响。

（1）操作性行为学习理论和小学体育与健康教学设计。操作性行为学习理论将行为分为两类：一是应答性行为，是由已知刺激引起的反应；二是操作性行为，是机体自身发出的反应。操作性行为学习是依据操作性条件反射的强化原理所设计的程序，是一种个别化的自我学习方式，它是进行小学体育与健康教学设计的主要理论之一。因此，在小学体育与健康教学中，各项运动技能的学习均属于操作性行为。

操作性行为学习具有四条规律：第一，习得律，在操作性行为形成过程中，练习和强化都是基本的，练习很重要，但关键是强化；第二，条件强化，即通过正强化和负强化两类刺激来达到行为的准确性；第三，泛化作用，即行为的迁移，通过一系列连续的近似动作，可以在短时间内使不常发生的反应达到非常可能发生的程度；第四，消退作用，即在某种操作行为形成后，如果不给予连续强化，这种操作性行为就会发生消退，但不是遗忘。

操作性行为学习规律为体育教师进行教学设计提供了理论基础，体育教师在教学设计中应注意：第一，依据行为的习得性，合理设计练习次数、强化条件和手段；第二，依据行为的泛化作用，合理设计教学内容，避免各运动技能间的干扰；第三，依据行为的消退作用，合理设计运动技能练习的间隔时间。

(2) 发现学习理论和小学体育与健康教学设计。发现学习理论是认知主义学习理论之一。发现学习理论认为，学习者的学习过程不仅是主动对进入感觉的事物进行选择、转换、储存和应用的过程，而且是主动学习、适应和改革环境的过程，也是教师引导学生发现的过程。发现学习具有开发智慧潜力、激发学习者的内部动机、帮助掌握探索的方法、有助于记忆的保持等优点，在我国新一轮课程教学改革中受到重视。在进行小学体育与健康教学设计时，教师应注意以下几点。

第一，根据教学对象及内容特点，恰当地创设自主学习情境，引导学生积极探究。发现学习方式由于在教学对象、教学内容方面的局限性，并不适合所有的教学对象和教学内容，也不是每个学习过程都必须亲自发现。因此，在小学体育与健康教学设计中应结合实际情况慎重运用发现学习方式。

第二，强调学生学习主体地位的同时，不能忽视教师的主导作用。由于发现学习是教师引导学生发现的过程，这对教学设计提出了很高的要求，教师的业务能力和学生的自主学习能力都将面临挑战。

(3)“以学生发展为中心”的学习理论和小学体育与健康教学设计。“以学生发展为中心”的学习理论是人本主义学习理论的代表。其观点主要有三个：一是培养目标应立足为社会提供真正适应改革需要的“完整的人”，即“躯体、心智、情感、精神、心灵、力量融汇一体的人”，只有通过一种全新的教育情境，即促进变化和学习、学会怎样学习、学会怎样适应和变化，才能培养出“完整的人”；二是教学目标应立足学生的个性发展，使学生成为真正自由独立的人，成为有主见、适应性强且具有鲜明个性的人；三是建立新型师生关系，该理论认为，教学成败的关键并不在于教师的专业知识和教学技巧，而在于人际关系、情感态度。

该学习理论的基本特征是“意义学习”。所谓意义学习，就是不再是简单积累知识的学习。意义学习的特点是学生亲自参与学习过程，学习有其内在的动力，学习的气氛要融洽。意义学习是一个变化发展的过程，它不在于学到知识的多少，而在于学会学习和感受各种经验。这就要求教师在教学设计中，需要注意以下方面。

第一，将“以学生发展为中心”的理念作为设计的指导思想，贯穿整个设计过程。在进行小学体育与健康教学目标设计时，教师要以学生全面发展为出发点，关注全面发展与个性化发展的结合，小学体育与健康教学内容的选择要针对学生的实际情况进行，教学活动要凸显学生的主体地位，等等。

第二，创设各种有利于意义学习的教学情境，建立融洽的学习氛围，激发学生内在的学习动机和兴趣，通过学生自主参与学习过程，促使学生学会学习，提升学习能力。

（四）教学理论和小学体育与健康教学设计

教学理论是教育学的一个重要分支，它既研究教学的现象、问题，揭示教学的一般规律，也研究利用和遵循规律解决教学实际问题的方法、策略和技术。教学理论既来源于教学实践又指导教学实践，主要解决“怎样教”的问题。教学理论要经历从教学经验总结，到教学思想成熟，再到不断深化、丰富和系统化的过程。教学设计的重要功能就是架设起教学理论与教学实践之间的桥梁。一般教学理论自然成为小学体育与健康教学设计的直接理论依据。

1. 发展教学理论

（1）发展教学理论的内涵。发展教学理论将“最近发展区”的思想延伸到教学与发展体系中，要求教学同时完成两项任务：既要在学生掌握知识和技能、技巧方面达到高质量，又要在学生的发展上取得进步，要以最好的教学效果来促进学生的一般发展。“一般发展”是该理论教学思想的核心，其内涵主要包括发展观念体现创新性，发展目标体现持续性，发展对象体现全体性，发展动力体现主体性，发展策略体现多元性。

（2）发展教学理论的指导原则。

第一，以适宜难度进行教学。“难度分寸”限于“最近发展区”，但不能降低到“现有发展水平”。“难度”原则是发展性教学原则，目的是把教学建立在学生“最近发展区”的基础上，给予学生一定难度的材料，使他们在努力克服困难的过程中掌握知识、技能，同时促进学生的发展。

第二，以高速度进行教学。“高速度”不是“开快车”，也不是让学生进行多次单调的重复学习，而是不断地以丰富多彩的内容促进学生思考，使学生能深刻地理解知识，并把这些知识纳入一个统一体系，也就是要从高速度中求得知识的广度，从知识的广度中求得知识的深度。

第三，理论知识起指导作用。理论知识起指导作用是指让那些说明现象的相互依存性及其内在本质联系的系统知识，在教学活动中占主导地位。例如，一个学生知道加法怎么做，但不知道这种运算规律，如果掌握了运算规律，那么就掌握了理论知识。

第四，使学生理解学习过程。使学生理解学习过程，即要求学生注意学习过程本身，着眼于学习活动的内在机制。具体地说，就是让学生留心应该怎样进行学习，就是要教会学生怎样学习。

第五，使全体学生都得到一般发展。该理论认为教学应当使每个学生在一般发展上都得到满意的进步，激发其学习兴趣，帮助其树立学习自信心，引导其参加集体活动，帮助其在观察力、思维活动等方面取得较大的进步。

（3）发展教学理论对小学体育与健康教学设计的要求。赞可夫的发展教学理论的指导原则为小学体育教师进行教学设计提供了理论基础，教师在小学体育与健康教学设计中应做到以下几点。

第一，设置具有一定难度的教学目标。依据以适宜难度进行教学的原则，在进行小学体育与健康教学设计时，教师不仅要了解学生的现有发展水平，还要了解学生的潜在发展水平，并根据学生的现有发展水平与潜在发展水平，寻找其“最近发展区”，然后设置学生通过努力可以达到的、具有一定难度的教学目标。

第二，恰当安排教学内容分量。依据以高速度进行教学的原则，在进行小学体育与健康教学设计时，首先，教师要注重教学内容的整体性和衔接性，避免对单个技术过多地讲解、示范和练习，做到精讲多练，加快教学进度，但也不能为加快教学进度而降低教学质量；其次，教师要恰当地分配教学内容，注意知识、技能学习的容量，不要为了教技能而教，要让学生在学习新知识的过程中巩固旧知识；最后，合理安排练习的密度，形成高速度、高效率、高质量的教学形式。

第三，合理选择体育与健康理论知识。依据理论知识起指导作用的原则，在小学体育与健康教学中，教师应通过体育基本理论知识的教学促进学生对运动技能的掌握和提高。例如，学生掌握了运动技能迁移规律的知识，就能较好地明确运动技能之间的相互影响，并能在学习中加以运用。

第四，教学方法选择应突出学生学习的主体地位。依据使学生理解学习过程的原则，在对教学方法的选择上，教师应重视探究式学习、合作式学习、发现式学习等方法的运用，使学生真正成为学习的主体，在教学的过程中，启发学生懂得怎样去学习，调动其学习的独立性、主动性和创造性，提高其自学能力。

第五，实施分层教学策略，确保每个学生都能得到发展。依据使全体学生都得到一般发展的原则，教学要注意处理好全面发展与个性发展、统一性与灵活性、共性与个性的关系。因此，教学设计应面向全体学生，因材施教，区别指导，实施分层教学。

2. 结构教学理论

结构教学理论是在吸取心理学研究成果的基础上发展起来的，有其独特的基本原理和观点。

（1）结构教学理论的基本原理。

第一，心理倾向。所谓心理倾向，实质上就是学习者所具备的学习意愿和能力，以及学习者的心理准备状态。结构教学理论应当详细规定最有效的、使人能牢固地树立学习心理倾向的经验，例如，设定怎样的环境、采用什么方式才能使学习者具有最有效的学习心理倾向。

第二，知识结构。结构教学理论认为将知识组织起来的最佳途径是建立知识结构，并指出任何知识结构都应该注意三个方面的问题：知识结构的再现形式、知识结构的经济原则和知识结构的有效力量。由于儿童的认知发展是由结构迥异的三类表征系统（行为表征、图像表征、符号表征）相互作用构成的质的飞跃过程，该理论认为，学习的实质在于主动地形成认知结构。因此，知识结构的再现形式有三种：一是表演式（或动作式）再现现象，用于表现达到某种结果的一组动作；二是肖像式（或图解式）再现现象，用一组简略的意象或图解充当某个概念的代表；三是象征性再现现象，用一组符号命题或逻辑命题来表示。这三种再现形式必须与不同年龄段学习者的学习模式相适应。知识结构的经济原则指的是知识的合理简化，这样便于学习者记忆和再现，如把知识列成一览表。知识结构的有效力量是指知识结构自身适用性强，有利于知识迁移，使学习者将表面上好像分散的事情联系在一起。

第三，教学程序。结构教学理论认为，设计最佳的教学程序有三条基本要求：①教材的呈现顺序要与学习者的认知发展相适应；②要以经济有效的原则来安排教学顺序，有助于学习者将已有知识、技能迁移到类似的新学习情境中；③教学程序应明确学习的速度，要考虑到学习者认知的紧张度。

第四，反馈运用。教学应该提供矫正性信息以帮助学生解决在学习中遇到的问题，使学习过程顺利进行下去，有效地达到预期的效果。提供矫正性信息的三个基本要求：一是时间，要及时反馈；二是条件，只有当学生退出思维定式或高度焦虑状态，矫正性信息才能帮助学生继续顺利地学习下去；三是方式，矫正性信息对于学生来说应该是可以理解的，是在他们的信息处理能力内的，否则反馈信息是无效的。

（2）结构教学理论的基本观点。结构教学理论较好地回答了教什么、什么时候教、怎样教等问题。

第一，教什么。教什么，即教学的内容，布鲁纳的回答是教每一门学科的“基本结构”。所谓学科的“基本结构”，是指这门学科的基本观念和基本原理。学习者掌握了学科的“基本结构”，一是有利于理解和掌握整个学科，二是有利于对整个学科的记忆，三是有利于学习迁移，四是有助于缩小“高级”知识与“低级”知识的差距。

第二，什么时候教。从认知、发展和教学统一的观点出发，由结构教学理论可知儿童的学习准备完成状态并不与生理年龄直接相关，而是随着环境和教育作用发展的。因此，教育者应该采取积极态度，创新条件，加速学生学习准备状态的到来。

第三，怎样教。怎样教，即教学的方式。“学会如何学习”的意义比“学会什么”更为重要，这与我国古代教育家倡导的“授之以鱼不如授之以渔”的道理一脉相承。这个道理清楚地说明了教学的过程并不以传播知识为唯一目的，更为重要的是教给学生解决问题的学习策略，这能让他们终身受益。

(3) 结构教学理论对小学体育与健康教学设计的要求。

第一，教学目标设计应在体现综合性的基础上，突出对能力的培养。这种思想符合时代发展的需要，也与新课程理念相一致。因此，目标设计应强调对学生综合能力的培养。

第二，教学内容设计应强调基本运动技能的学习。小学阶段是学生基本运动技能发展的敏感期，基本运动技能的发展对学生成年后高级运动技能的学习和掌握具有重要作用。因此，小学体育与健康教学应以跑、跳、投、攀登、爬越、负重等内容为主。

第三，教学策略设计应实施分层教学。结构教学理论还专门强调了教学过程的差异问题。学生在解决学习问题的心理倾向、兴趣指向、技能水平、认知方式、迁移能力等方面存在个体差异。因此，教师要为达到同一教学目标的不同学生设计不同的活动方式，做到区别对待。

第四，教学程序设计应有利于学生学习知识、发展技能及体能。教师要合理安排教材和呈现顺序，使学生尽可能将已掌握的知识和技能迁移到新知识、技能的学习中；教师要充分把握和理解各项教材内容之间的联系，合理安排学习顺序，发挥其促进学生正迁移作用。

3. 教学过程最优化理论

(1) 教学过程最优化理论的内涵。教学过程最优化理论把教学过程作为一个系统进行研究，并且对构成该系统的有机联系的各组成部分进行综合考察，认为教学反映教师活动和学生活动的辩证统一。因此，教师的劳动与学生的劳动要辩证统一地予以考察，要在包含过程在内的复杂结构联系中加以研究。该理论认为教学过程最优化的一般定义：在全面考虑教学规律、原则、现代教学的形式和方法、该教学系统的特征以及内外部条件的基础上，为了使过程从既定标准看来发挥最有效的（即最优化的）作用而组织的控制。

(2) 教学过程最优化理论的主要观点。教学过程最优化理论的核心内容包括两个标准与六大要求。

两个标准包括效果标准和时间标准。效果标准，即教学过程的内容、结构和发挥作用的逻辑都要根据国家教学大纲的要求，按照每个学生最大的学习可能性的水平，保证有效地和高质量地完成学生的教学、教育和发展任务；时间标准，即保证达到既定的目的，既不超过现行教学计划用于课堂作业的时间标准，也不超过学校规定的师生用于家庭作业的最高时间标准，同时还要防止师生出现过度疲劳的现象。

六大要求是指选择教学过程最优结构的基本方法论要求，包括内容如下。

第一，选择的程序要完整地包括教学过程的所有基本成分。教学过程的所有基本成分包括由社会所决定的教学目的、教学内容、教学条件、教师和学生活动的组织形式、师生活动的方法、教学结果的分析和自我分析。

第二，在选择时要依据全部教学论原则。教学过程最优化应遵循的教学原则主要包括个性全面而和谐发展的方向性原则，教学与实际相联系的原则，教学科学性原则，教学的系统性和连贯性原则，全班、分组和个别教学形式相统一和最优结合的原则，口述的、直观的和实践的教学方法最优结合的原则，在教师指导作用下发挥学生在教学中的自觉性、积极性和独立性的原则，再现的和探究的学习认识活动相统一和最优的相互联系的原则，尽力激发和诱导学生形成良好的学习态度的原则，保证在教学中随机应变地进行检查和自我检查的原则，知识、技能和技巧的巩固性、理解性与实效性原则，教养和教育效果相统一的原则。

第三，在选择教学方法时，要循序渐进地考虑教学目的、系统的可能性，以及教学任务、教学内容的特点和教学组织形式。

第四，要考虑教学手段和教学形式的性质，考虑它们在解决一定范围内任务方面的主要目的性。因为每种手段和形式都有其优点和缺点，必须扬长避短。

第五，为了最大限度地考虑学生的特点和综合地实现全部的教学任务，在选择时要以教学手段的合理多样化为目标。

第六，要以动态的观点来选择，这个观点反映了教学系统本身的进程，也就是说，要避免在实际工作中为一定年级学生选择千篇一律的教学结构，而要随着学生的发展改变教学结构。

(3) 教学过程最优化理论对小学体育与健康教学设计的要求。教学过程最优化理论为体育教师进行教学设计提供了理论基础，教师在小学体育与健康教学设计中应注意以下几个方面。

第一，教学目标设计应“自上而下”不断地具体化，从而形成一个完整的体系。首先，要在充分理解体育与健康课程目标体系的基础上，确定具体的教学目标（学期教学目标、单元教学目标、课时教学目标）；其次，教学目标是教学过程最优化的出发点，体育教师应在认真分析学生和教材内容的基础上，科学地设计明确的、具体的、具有挑战性的教学目标；最后，教师应鼓励学生根据自己的实际情况，制订自己的学习计划和学习目标。

第二，教学内容设计应体现目标统领内容的理念并突出重点。一方面，教学内容要反映《体育与健康课程标准》的要求，与教学目标相吻合；另一方面，教学内容的确定应以抓住活动的主要环节这个方法论原理为根据，在深入理解教材的前提下，突出教学的重难点。另外，教师要培养学生学习的能力，采取各种各样的教学方法与教学手段，将学生的注意力集中于学习内容上。

第三，教学方法设计应体现多样性和系统性。教师可以根据具体的教学内容和教学目标，并根据小学生发展阶段的特点（心理特点、生理特点、认知结构水平），以及教师的自身能力和教学特点，选择相应的教学方法。

教师在教学过程中，要适时给予学生合理的学习反馈信息，同时也可以根据学生的学习效果反馈来调整或修改自己的教学方式。各种教学方法总是相互渗透的。因此，实施教学过程最优化，就必须把这些教学方法合理地结合起来。

第四，教学组织形式设计要采取区别对待和个别对待的方式。即把全班的、小组的和个别的教学形式最优地结合起来。在教学实践中，教师既要关注优生的发展，也要关注学习困难生的发展，只有这样，才能使每个学生都获得最好的成绩（不能低于及格水平），并且不会经常出现学习负担过重的现象。但是教师对学生的帮助要掌握一个度，以免有些学生形成依赖心理，从而降低学习的毅力。另外在教学过程中，教师要看到学生的长处和不足，并鼓励他们积极发挥自己的长处，努力弥补自己的不足。

第五，教学评价设计应体现多元性。教学评价是检查效果的主要手段，是提高教学质量的重要保证。评价的内容和标准应包括教学思想是否反映了《体育与健康课程标准》提出的理念、教学目标是否达成、教学内容是否合理、教学效果是否明显、教学时间是否合理等。从学生角度考虑，可以采用学生自我评价、组内评价、教师评价等形式；从教师角度考虑，可以采用客观评价和主观评价相结合、终结性评价和过程性评价相结合、绝对性评价和相对性评价相结合、单一内容评价向多元内容评价转变等形式。

（五）运动技能形成理论和小学体育与健康教学设计

小学阶段的学生处于动作发展的关键时期，跑、踢、扔、跳等基本运动技能在这一时期快速发展，这就要求体育教师应了解学生动作发展的阶段性特征，以促进小学生基本运动技能的发展。与动作发展密切相关的是运动技能形成理论，该理论已为广大体育教师所熟知。运动技能是指人体在运动过程中掌握和有效完成专门动作的能力。运动技能的形成和发展除需要具有力量、速度、心肺耐力、柔韧性等身体素质外，还需要具备在神经系统调节下，不同肌群协调工作的能力，这种能力包括反应的速度、肌肉收缩的强弱、身体各部位的协调等。从教学的视角来看，运动技能的形成和发展大致分为粗略掌握动作阶段、改进与提高动作阶段、巩固与运用自如阶段。要想在运动技能教学方面取得良好效果，教师就必须遵循运动技能形成过程中各阶段的特点来进行小学体育与健康教学设计。

1. 粗略掌握动作阶段

（1）粗略掌握动作阶段的特点。

第一，生理与心理特点。在粗略掌握动作阶段，小学生大脑皮质兴奋与抑制处于泛化时期，内抑制尚未精确建立，兴奋点不集中，处于扩散状态，条件反射联系暂时不稳定。因此，动作外在表现为僵硬与不协调。

这一阶段学生的视觉、听觉等外导系统起着主导作用，小学生心理活动的特点表现为通过视觉观察教师的示范动作，利用听觉接受教师的讲解，再进行模仿练习。与此同时，肌肉运动感觉也起到一定作用，但感受性较差，对动作的控制和调节性较弱。此阶段学生注意力的范围比较狭窄，很难觉察出教师示范动作的全部细节。由于习惯动作和习惯姿势的影响，小学生动作练习显得呆板、不协调，以至于出现多余动作，在动作做错时也不能及时得到纠正。小学生在初次尝试新动作时会因为好奇与害怕完不成动作而表现出犹豫感。

第二，动作表现特点。小学生在粗略掌握动作时常常表现出动作不连贯、不协调，特别是肌肉的紧张与放松配合不好；多余动作较多，整个动作显得忙乱、紧张，动作的完成在时间上和空间上都不够精确；分不清动作的主要环节与次要环节；等等。这些特点普遍存在于小学生进行运动技能学习的初期阶段。

（2）粗略掌握动作阶段对小学体育与健康教学设计的要求。教学设计要根据不同阶段学生的生理、心理活动特征，以及运动技能形成的特点综合进行。基于粗略掌握动作阶段小学生的特点分析，教师在此阶段进行教学设计时应注意以下要求。

第一，教学目标要全面、具体、可操作。教学目标要以学习领域目标与水平目标为依据进行全面的思考与制定，力争恰当与全面，同时教师还要考虑教学目标的可操作性与可完成性。对处于粗略掌握动作阶段的学生来说，简单的目标设置更能增加学生的成就感，也更有利于课堂教学的顺利实施，学生的积极性也会随之增加。成就感的满足会使学生产生浓厚的学习兴趣，增强学生的学习动力。

第二，教学方法与手段应具备直观性、多样性和新颖性。此阶段对小学生建立正确的动作表象和概念至关重要，因此教师可以采取讲解法、示范法、观看视频等方法，帮助小学生建立正确的动作表象及概念。讲解要通俗易懂，示范要注意突出动作的要点，示范的速度不宜太快。对于复杂的运动技能教师要分解示范，帮助小学生了解动作的基本环节或建构基本的知识与技能结构，使他们形成正确、清晰、完整的动作表象。此外，教师可以采用情境教学法、游戏教学法，为小学生的学习创设不同的情境，给予小学生不同的角色并赋予其权利与义务，尤其是结合游戏的形式开展教学活动，更符合小学生好玩的天性，对于该阶段小学生的学习大有裨益。

第三，运动负荷要适宜。在学习运动技能时，设置的运动负荷不宜过大，过大的运动负荷不但不会增加学生的学习兴趣，反而会使不正确、不协调的动作重复出现，从而降低学生的自信心。对于基础差的学生，教师可适当降低动作难度与速度，并且要采取必要的保护与助力措施，使之消除恐惧心理，增强其安全感。

第四，以定性评价为主。在对学生进行运动技能评价时，教师应多采用肯定、口头表扬及鼓励的方式或行为对学生的表现进行评价，以便提升学生的自信心，避免贬低与丑化学生的语言和行为出现。

2. 改进与提高动作阶段

（1）改进与提高动作阶段的特点。

第一，生理与心理特点分析。通过教师的多次示范与讲解，结合学生的练习，运动技能学习由泛化阶段逐步过渡到分化阶段。此时学生的神经逐渐形成了分化性抑制，兴奋和抑制过程在空间和时间上更加准确，内抑制过程加强，分化、延缓及消退抑制都得到发展。

学生通过反复练习和对动作的深入理解，知觉过程日趋完善、准确，注意力范围也逐渐扩大。此时，思维的分析概括活动是把个别动作联合成为整体动作。该阶段学生的肌肉运动感觉变得比较清晰，视觉表象已为动作表象所充实，视觉对运动动作的控制作用逐渐减弱，肌肉运动感觉能力逐步提高，而且发挥了较大作用。

第二，动作表现特点。该阶段学生能发现自己的错误和评价动作质量，过度紧张、多余动作逐渐消失，动作之间的干扰减少，动作趋向连贯、协调，动作节奏性和韵律感加强。错误动作逐渐减少也是该阶段的特征，此外，学生能用语言清楚地描述自己完成动作的情况，初步掌握了完整技能，但动作之间的衔接处还会出现间断、停顿和不协调现象。

（2）改进与提高动作阶段对小学体育与健康教学设计的要求。根据改进与提高动作阶段学生的生理、心理及动作表现特点分析，体育与健康教学设计在该阶段应该注意以下要求。

第一，教学目标应突出运动技能的强化与提高。教学目标设计在遵循全面性的基础上应当凸显运动技能的强化，以运动技能的学习带动学生在体能、心理、社会适应等方面目标的实现。在这一阶段，学生的学习兴趣得到了激发，学生对运动技能的学习充满了期待。此外，该阶段学生的技术动作逐步规范，无论是从学生的学习需求还是从动作技能形成规律来看，该阶段无疑是发展学生运动技能的最佳时期。因此，教学目标设计有必要在该阶段凸显运动技能的发展与提高。

第二，教学方法与教学手段以纠正学生错误和引导学生重复练习为主。由于该阶段要凸显运动技能的发展，因此所采取的教学方法与教学手段要为这一目标的达成而服务。基于这一阶段学生的整体特征，教师可以采取纠错法对整体或个别学生存在的错误动作进行纠正；采取重复训练法或循环练习法进行大量的训练来发展学生的正确技术动作，并使之产生动力定型；可以结合游戏、自主探究等方法持续增强学生的学习兴趣。此外，可以借助优质教学视频等手段改善学生原有的动作技能认知状况。

第三，增加运动技能练习的负荷。这一时期应当加大运动负荷，加大练习密度，给予学生更多的时间进行练习，但需要注意的是增加运动负荷要适度，不是越大越好。在教学活动中，教师可以根据学生的生理及心理反应，或者借助一定的仪器（心率表、心率带等）进行运动负荷的监控。

第四，定性评价与定量评价相结合。在运动技能学习评价方面，除口头表扬、鼓励、纠错等反馈以外，教师还可以采取一些简单的量规或标准来评价学生运动技能的掌握情况，根据量规所反映的情况对学生进行有针对性的指导。此外，还可以通过量表来反映学生对体育与健康学习的情感、态度等，做到评价内容多元化。

3. 巩固与运用自如阶段

（1）巩固与运用自如阶段的特点。

第一，生理与心理特点。进入巩固与运用自如阶段，学生已经在大脑中建立起运动技能巩固的动力定型，神经兴奋与抑制更加集中与精确，内抑制相当牢固。此时学生完成动作的感知信号主要来自肌肉活动的内部信息。动作主要依靠本体感受器的反馈机制来进行调整和控制。动觉控制已占主导地位，视觉控制作用大大降低。学生注意力的范围扩大，注意力分配能力增强。当动作做错或进行得不顺利时，学生能敏锐地觉察出自己的错误动作，并增强意识程度来进行调整与纠正，以使整个动作熟练、优美，从而逐渐达到较高的协调性和稳定性。

第二，动作表现特点。经历了泛化与分化阶段的强化，运动技能开始进入巩固与完善阶段，最终达到自动化阶段。这一阶段的学生已经能够很熟练地展现所掌握的动作技术及相应的系列动作，各个动作已经相互协调地结合成为一个有机的、完整的系统。即使动作技术出现错误，学生也能够清楚地找到错误动作的症结，并针对错误动作做出对应的改进措施。“熟练”“完整”“自动化”等词语已成为该阶段运动技能掌握程度的常用描述性词语。

（2）巩固与运用自如阶段对小学体育与健康教学设计的要求。随着动作的不断重复和动作细节的不断改进，动作准确、熟练和自动化的程度也会不断地提高，学生的学练水平以及对动作的认知也有了较大程度的提升，因此，该阶段的体育与健康教学设计的各个要素也应当做出适当的调整。

第一，教学目标应强调运动技能的运用。这一阶段教学目标的设计较前两个阶段会发生很大的变化，教学目标应该由某一目标为导向转向动态平衡发展。教师要以学生运动技能的灵活掌握为载体，促进学生体能、心理健康和社会适应能力等共同发展。在目标的陈述方面也需要做出较大的调整，学生所应达成的目标需要进一步提高。如运动技能目标的陈述应该由初步掌握、基本掌握、熟练掌握等，转向熟练运用、灵活运用、创造性地完成等。

第二，增强教学方法与教学手段的复杂性。为实现多维目标的协同发展，教师可以改变以往重复练习、循环练习等练习方法，而采取合作学习法、比赛法、情境教学法、竞赛法等，为学生营造一个个真实的场景，并赋予其角色，使学生在复杂多变的环境中灵活运用所学技能或创造性地完成运动技能。此外，教师还可以借助教学视频，让学生找出并分析视频中技术动作的错误之处，最后提出正确的建议。

第三，注重运动技能练习的动作完成质量。虽然该阶段的学生能够熟练掌握所学的运动技能，但可能会存在某些局部动作不完善等情况，需要借助一定的练习来改善。因此，这一阶段运动技能主要以局部动作调整以及完善动作保持为主，教师可以根据教学目标、教学内容与教学方法进行自主调节，最好保持适度的运动强度和运动量。

第四，强调综合性评价方式的运用。在进行教学评价时，教师可以将学生在课堂或比赛中展现的参与度、场上技能综合表现、团队合作意识等作为评价指标，运用多维评价指标对学生进行评定，而非以运动技能为重，要注重学生多元、全面的发展。

三、小学体育与健康教学设计的原则

小学体育与健康教学设计是小学体育与健康教学最优化的前提，科学的体育与健康教学设计是保证体育与健康教学质量的先决条件。要使所设计的体育与健康教学计划科学、合理而有效，就要求设计者在进行小学体育与健康教学设计时，必须遵循一定的原则。小学体育与健康教学设计遵循的原则主要有系统性、健身性、趣味性、针对性和开放性等。

（一）系统性原则

系统性原则是指在小学体育与健康教学设计过程中，始终要使体育与健康教学设计的各环节及各要素组成一个有机的整体。小学体育与健康教学设计应立足整体，将每个环节协调于整个教学系统中，做到整体与部分的辩证统一，系统地分析与系统地综合有机结合，最终达到教学系统的整体优化。系统性原则是基于系统理论提出来的，其对小学体育与健康教学设计的要求如下。

（1）整体把握各层次教学设计的关系。从纵向来看，小学体育与健康教学设计分为学段、水平、学年、学期、单元和课时六个层次。各层次之间的关系为上位教学设计对下位教学设计具有指导作用，下位教学设计是上位教学设计的具体化。六个层次之间从宏观到微观，最终都落实到课时教学设计中，无论哪个层次的教学目标，都要通过课时教学计划实施来实现。

（2）整体考虑教学设计的各个环节。小学体育与健康教学设计应用系统的观点，从整体的角度出发，统筹考虑基本要素以及各要素之间的相互关系，从而选择最优的教学方案，以达到最佳的教学效益。每个层次的体育与健康教学设计都应包括前期分析、中期设计和后期评价三个环节。每个层次的设计都应整体考虑各个环节，以防忽视前期分析和后期评价。此外，中期设计环节要系统考虑教学目标、教学内容、教学方法和教学评价的设计，以提升教学设计的整体效果。

（3）教学设计应遵循一定的逻辑体系。首先，教师应遵循从宏观到微观的逻辑顺序，依次进行学年、学期、单元和课时教学计划的制订。在具体教学设计中也必须遵循这一逻辑顺序，如教学目标的设计，必须首先明确宏观的课程目标，然后依次制定水平教学目标、学年教学目标、学期教学目标、单元教学目标和课时教学目标，从而形成一个宏观与微观相结合、上下紧密联系的目标体系。其次，教师应遵循一定的设计程序，如在明确具体教学目标后确定“教什么”，然后再进行“怎么教”的设计，最后再进行教学评价设计。

（二）健身性原则

健身性原则是指小学体育与健康教学目标的确定、教学内容和教学方法的选择、运动负荷及场地器材的安排、教学评价方法的运用等方面都要符合教学对象的身心发育规律及运动技能形成规律，以有效增强学生体质、促进其身心健康发展。健身性原则是依据人体生理机能活动能力变化规律和小学生身心发育规律提出的。健身性原则对小学体育与健康教学设计的要求如下。

（1）教学目标和教学内容的设计要体现健康发展的理念。小学体育与健康教学设计在贯彻健身性原则时，应在教学目标和教学内容方面体现促进学生身体健康发展的理念。首先，要包含运动技能和体能方面的目标，对学生身体健康发展提出一定的期望；其次，应选择适宜的促进学生运动技能和体能发展的教学内容。

（2）根据小学生的身心发育特点，合理选择练习方法与方式。小学生正处于迅速发育期，骨骼系统、神经系统及心肺功能等发育不健全、不成熟，尤其是大脑皮层神经细胞易兴奋、易疲劳，这对小学体育与健康教学方法与手段的设计和选择提出了较高的要求。

体育教师要为小学生创编新颖、多样的练习方法与方式，以吸引小学生的注意力，激发其学习体育的兴趣；同时，要加强小学生速度、灵敏性和柔韧性等方面的练习，避免长时间静力性力量的练习，以防对小学生的骨骼系统造成伤害。

（3）根据人体机能适应性规律，合理安排运动负荷。适宜的运动负荷是促进小学生身体健康的重要保证。小学生正处于身体发育的快速期，因此，在运动负荷安排上要格外注意。科学、合理地安排运动负荷要从运动量和运动强度两个方面入手。首先，在体育与健康课中的持续运动时间不宜过长，强度不宜过大，中等强度的运动负荷对小学生的身体健康最为有利；其次，体育与健康课准备活动的量和强度不宜过大，运动负荷的安排要循序渐进，以克服身体和心理的惰性。

（三）趣味性原则

趣味性原则是指体育教师在进行小学体育与健康教学设计时，应充分考虑小学生的心理特征，在教学内容的选择、教学方法与教学手段的运用、教学活动的组织等方面都要注重激发小学生的兴趣，以调动小学生参与体育学习的积极性。趣味性原则是基于学习理论及小学生的心理特点提出来的。现代学习理论表明，影响学生学习的因素不仅有智力因素，还包括非智力因素，而且非智力因素（如兴趣、动机、需要、情感、态度等）在学习中的作用甚至超过智力因素，这也是新课程特别强调情感态度与价值观培养的依据所在。趣味性原则对小学体育与健康教学设计的要求如下。

（1）选择多样的练习手段，激发学习兴趣。小学生天性好动，对体育活动非常感兴趣，但注意力易转移，意志较为薄弱，必须通过新颖、有趣、多变的练习方法和方式，使锻炼得以持久。因此，教师在选择练习时应注意形式变化，在练习方法、方式及器材的多样性方面下功夫。例如，在篮球教学中，教师可以安排多种练习方式（绕 8 字、绕杆、运球接力、看手势运球、运球报数等）来发展学生的运球技能。

（2）采用游戏化练习手段，增强练习的趣味性。体育游戏可能将体能、技能与智能融为一体，带有浓厚的趣味性和娱乐性，是一项既含有激烈竞争因素，又带有轻松活泼等特性的综合性的练习手段，备受学生的喜爱，尤其是在小学低年级，创设多种生活和童话情境，让学生在游戏的情境中进行学练，不仅能提高学生学习的兴趣，还可以促进学生的技能、体能和社会性发展。因此，小学体育与健康教学设计要重视游戏化教学的运用，培养学生的学习兴趣，促进教学质量的提高。

（3）选择练习时应避免盲目追求趣味性。体育与健康教学不能为了增添趣味性而安排一些缺乏学习意义的练习，如摔纸牌、南瓜扁担进课堂等。在小学体育与健康教学中，练习方法与方式的安排应具有科学性，符合体育与健康学科的特点，教师应根据主要教学内容选择相应的练习，围绕怎样更好地帮助学生掌握学习内容来设置练习，不能为了单纯的乐趣而盲目设置。

（四）针对性原则

针对性原则是指在小学体育与健康教学设计过程中，体育教师要根据小学生的学习需要、学习内容及其特点，同时结合本校实际教学条件，合理地确定教学目标，有针对性地进行教学策略、教学媒体、教学过程设计，并对教学设计进行有针对性的评价，使之符合实际需要。针对性原则是基于因材施教及理论联系实际思想提出的。它要求在进行体育与健康教学设计时不要盲目照搬其他学校或班级的做法，而应针对本校及学生的实际情况，使所设计的各层次小学体育与健康教学计划不仅具有本校特色，而且符合本校学生的身体素质及健康状况、运动技能水平及体育学习兴趣，做到因校制宜、因学生而异。

贯彻针对性原则首先必须了解小学生的实际情况及其学习需要，再从实际出发确定合理的教学设计方案。针对性原则对小学体育与健康教学设计的要求如下。

（1）充分考虑学校体育环境和条件。学校体育环境可分为显性和隐性两方面。显性体育环境包括师资队伍的质量与数量、体育场馆、器材、设备等条件，以及学校体育活动开展情况等。隐性体育环境包括学校体育传统、体育风气、领导的重视程度、体育教师的责任心等。例如，教师在进行体育教学内容选择时要着重考虑学校的体育传统项目，还要考虑学校的师资情况和场地器材的配备情况等。

（2）所设计的教学方案应具体、明确。体育与健康教学必须围绕学生学什么、学到什么程度、通过何种手段和方法达到教学目标、怎样检测学习效果等一系列具体问题进行考虑和设计，如体育与健康教学目标应明确、具体，具有导向性，便于落实和操作。

（3）统一要求与个性化指导相结合。教学目标和教学评价的设计在做到统一要求的基础上，还要注意对学生个性化指导。由于学生的体育基础和兴趣、动机等情况不同，学生所能达到的学习效果也不一样。所以，教师必须对班级整体情况，如学生年龄、身体素质、运动技能水平、体育兴趣和爱好，班级内有无特殊学生，以及班级体育学习风气、团队凝聚力、体育骨干或积极分子情况等进行全面深入的了解。在进行体育教学评价时要体现出个性化指导的原则，在使用统一评价标准时也要看到学生的进步，从而综合评价学生的体育学习。

（4）适当增加练习的可选择性。由于学生运动技能水平存在差异，教师应考虑为不同水平的学生提供难易程度不同的练习内容，避免由于体育练习内容单一而影响体育教学的效果。此外，为增强学生的学习兴趣，教师可适当让学生选择练习内容。

（五）开放性原则

开放性原则是指在体育与健康教学设计过程中，要对教学方案各要素的设计保持开放性，为学生学习提供开放的空间，以激发学生在学习过程中的能动性和创造性。开放性原则是基于“以学生为主体，发挥学生创造性”教学理念提出的。为了使学生成为学习的真正主体，体育与健康教学设计应在教学内容、教学过程、教学时空、教学形式、教学评价等多方面保持开放性，不要把教学过程设计为一成不变的纲要和条目，而应给学生学习留出相应的空间和余地。开放性原则对小学体育与健康教学设计的要求如下。

（1）依据课程标准，合理掌控开放程度。开放性与灵活性是《体育与健康课程标准》区别于原有体育教学大纲的本质特征。体育教学大纲对教学的目标、内容、时数都做了明确规定，但对开放性和灵活性要求不足；而《体育与健康课程标准》只确定了体育课程目标和内容标准，对教学内容、教学方法、教学时数及教学评价提出了建议，把选择权留给学校和体育教师，这增强了体育与健康课程和教学的开放性和灵活性。因此，体育教师应依据《体育与健康课程标准》的精神，结合本校实际，合理把握体育与健康教学方案的开放程度，切忌只有纲要而无内容的过度开放性设计方案，也要避免事无巨细式的过度规定性设计方案。

（2）为学生搭建自我展示的平台。体育教学是一个开放的动态过程，教师应创造机会和条件让学生展示所学习的动作，培养学生的主体意识，让学生体验成功的乐趣。在进行教学评价时，切忌违背学生意愿进行运动技术正误对比的展示。正确动作的展示能增强学生的自信，而错误动作的展示极易引起学生的挫败感，打击学生学练的积极性。

（3）避免一抓就紧，一放就乱。开放性与“放羊式”教学具有本质的区别，开放性原则追求的是为发挥师生教学能动性和创新性留足空间，强调课堂教学的创新性，是现代教育教学理念的体现。但在运用过程中，受教学观念、师生水平以及其他多方面因素的影响，教学方案各要素的开放程度应适当，避免走向另外一个极端。

四、小学体育与健康教学设计的流程与要素

（一）小学体育与健康教学设计的流程

体育与健康教学设计旨在策划一个有效的教学系统，它是应用系统方法分析、研究、解决体育与健康教学过程中的问题，并对教学结果做出评价的一个过程与操作程序规划。小学体育与健康教学设计的流程由背景分析、决策设计和评价反馈三个阶段组成，每个阶段都有其特定的要素。

1. 背景分析阶段

在小学体育与健康教学设计的前期要进行背景分析，这是确保小学体育与健康教学设计质量的基础。如果缺乏对影响体育与健康教学各要素的背景分析，只凭借主观意志进行安排，则无法设计出反映体育与健康课程理念，适合

具体教学对象的科学、合理的体育与健康教学方案，必然会使体育与健康的教学过程充满盲目性和随意性。背景分析主要包括学习者特征分析、学习内容分析两部分。

（1）学习者特征分析，主要包括对学生生理发育、知识水平、运动技能水平、学习动机及态度等进行的分析。例如，水平一和水平二的学生骨骼比较柔软且容易变形，肌肉的发育尚不完全，且力量发展较差，而水平三的学生肌肉力量在慢慢增强。此外，不可忽视的还有学生之间在智力、学习风格等方面的差异。

（2）学习内容分析，主要指对教材功能价值及要求进行的分析。例如，根据水平一和水平二学生的特点，在选择不同层次的体育教学内容时，可以选择走、跑、跳、投、击打等基本活动动作，同时还可穿插一些游戏性内容，如队列游戏、奔跑游戏、球类游戏等。而对于水平三的学生，体育教学内容则要选择各种组合技术动作和不同运动项目的基本技术动作。这样不仅符合各水平阶段学生的身体、心理特点，而且对于激发他们的体育与健康学习兴趣也有非常重要的作用。

2. 决策设计阶段

决策设计阶段是小学体育与健康教学设计的重要阶段，包括体育与健康教学目标设计、教学策略设计、教学媒体设计、教学过程设计和教学评价设计。首先要确定教学目标，并根据教学目标和教材选定教学内容，然后制定合理的教学策略、确定运动负荷、布置场地器材等；其次要考虑用什么方式和方法给学生呈现体育与健康教材并提供学习指导，以更好地激发学生学习的兴趣；再次要考虑用什么方式组织教学，在实现教学目标的基础上，必须保证上课的安全性；最后要考虑用什么方法和方式来评价学生体育与健康学习的效果，从而为下一步的教学设计奠定基础。

3. 评价反馈阶段

评价反馈阶段主要是对设计的体育与健康教学方案进行评价，并通过相应的反馈不断地对设计的教学方案进行完善的过程。对教学设计的评价是小学体育与健康教学设计过程中不可缺少的重要环节之一，但也是常被体育教师忽视的环节。首先要依据小学体育与健康教学设计的原则来评价方案的可行性，然后通过教学效果来评价方案的合理性，并进行完善。

（二）小学体育与健康教学设计的要素

体育教师如何设计教学，直接关系到课堂教学的质量和学生的发展。小学体育与健康教学设计应以学生发展为本，以学生的身心健康为中心，以学生的创新精神和实践能力的培养为重点。体育教师在进行小学体育与健康教学设计时不仅要关注课堂教学的各个要素，还要把它们作为一个整体来看待，以发挥整体的最大效果。

1. 体育与健康教学过程相对应的要素

体育与健康教学过程可以分为教学前、教学中和教学后三个部分。每个部分各包含不同的教学要素。

（1）教学前，教师首先要确定具体的教学目标；根据“目标引领内容”理念选择相应的教学内容；根据教学内容设计相应的教学方案和组织教学的方法；合理安排教学过程中各个环节所需的时间，设定教学结构以及场地器材的摆放和使用；等等。

（2）教学中，教师要有正确的讲解和动作示范；以提问的方式引起学生的注意；在上课期间注意学生的安全，设置保护环节，为学生提供帮助与保护；组织课堂中学生动作技能的练习；组织与管理纪律；等等。

（3）教学后，教师要及时检测学生的理解或掌握程度，对学生的学习掌握情况进行总结评价，提出表扬与批评等反馈，对学生的学习提出新的期望，并对自己的教学行为进行反思与总结，给学生评定等级，让学生汇报成绩。

2. 小学体育与健康教学设计的基本要素

从小学体育与健康教学设计的各阶段来看，教学设计是将教学系统的各个要素围绕提高学生身心健康这一目的而展开的活动。小学体育与健康教学设计有自身的特点，其基本要素大致有学生情况分析、学习内容分析、教学目标设计、教学策略设计（教学内容选择、教学方法和教学方式选择、教学组织形式选择）、教学媒体设计、教学过程设计、教学评价设计和教学设计评价。

（1）学生情况（学习者特征）分析。学生情况分析属于背景分析的重要内容，对学生情况掌握得越详细，就越能增强教学设计的针对性和可行性。要着重分析学生的年龄特征、班级成员组成、体育基础（运动技能、体能水平）、学习风格和体育学习风气、特殊学生等方面的情况，为教学设计提供依据。

（2）学习内容分析。所谓学习内容，是指为实现教学目标，要求学生必须掌握的知识和技能以及应形成的态度的总和。学习内容分析将影响教师对教材的把握、学生学习的水平、教学目标的完成，以及教学媒体的选用效果等。

（3）教学目标设计。体育与健康教学目标是在体育与健康教学中师生预期达到的教学结果和标准，是体育与健康教学活动的出发点和归宿，它支配、调节、控制着整个体育与健康教学过程，并决定体育与健康教学的发展方向。为了把体育与健康教学的基本任务落实到具体的教学过程中，教师必然要设计教学目标。教师可以依据布鲁姆的认知、技能和情感领域目标分类，结合知识与技能、过程与方法、情感态度与价值观三维目标以及体育与健康课程的学科特点进行综合分析，从认知、运动技能、体能和情感四个方面进行教学目标的设计。

（4）教学策略设计。教学策略设计包括教学内容选择、教学方法和教学手段选择、教学组织形式选择等内容。

选择体育教学内容就是指根据教学目标确定要求学生掌握的知识、技能。体育教师应遵循“目标引领内容”的理念，确定在各层次教学设计中所应选择的教学内容；遵循运动技能形成规律，将学生要学的运动技能，按照从易到难、从简单到复杂的学习过程，安排在不同层次的教学计划中；遵循学生身体素质发展的敏感期规律，将提高学生身体素质的相应练习安排在对应的年龄段。

教学方法和教学手段的选择与运用是否合适，将直接关系教学的成败和教学效率的高低，因此，正确理解、选择与运用教学方法和教学手段成为教学策略制定的重要内容。在小学体育与健康教学中，体育教师要根据具体的教学内容，结合学生的学习特点（学习兴趣、动机、态度等），选择新颖、有趣、多样的教学方法和教学手段，以激发学生的学习兴趣；尤其要重视学生自主学习、合作学习、探究式学习等新型学习方式在教学中的运用，以促进学生的全面发展。

对于已经初步选定的教学内容，体育教师要进行组织安排，使之具有一定的系统性和逻辑性，即选择教学组织形式。传统教学组织形式以全班集体教学为主；而在新课程理念下，教师应重视小组合作教学的形式，以增进学生之间的交流、合作与竞争，培养学生的团队意识和交流沟通能力。

（5）教学媒体设计。在教学活动中，学生获得的教学信息是多方面的，而承载信息的教学媒体对教学效率的影响也是显著的。因此，在教学设计中，教师应将教学媒介的合理选择与运用作为教学策略制定的重要内容。在小学体育与健康教学中，教学媒体主要包括场地器材等。选择和安排体育教学媒介要注意媒介多元化，将实践与教育技术相结合，合理应用文字、图像、音乐、摄影，以及场地器材的摆放、器材颜色的调整等方法，提高学生对体育活动的认知能力。同时，教师要重视创设多种教学情境，制作各种小教具，以激发学生的学习兴趣。

（6）教学过程设计。体育与健康教学过程是体育课堂教学的核心，流程图可简洁地反映分析和设计教学的过程。小学体育与健康教学过程不仅要有教师的“目标—策略—评价”，也要有学生的“活动—体验—表现”，同时要有学生的主动参与和体验，让学生在观察、讨论、质疑、探究的体验中学习知识与技能，完善人格。

体育与健康教学过程阶段（部分）的划分主要有三段式、四段式、五段式和多段式。教学过程的设计要根据具体的教学目标、教学内容和学生的特点来确定。

（7）教学评价设计。教学评价是检验教学目标是否达成的重要手段。小学体育与健康教学评价的设计，要体现《体育与健康课程标准》的发展性评价理念，对“为什么评价、谁来评价、怎么评价”等问题进行系统回答。在进行小学体育与健康教学评价设计时，教师首先要明确评价的目的，结合具体教学内容对学生学习情况进行客观评价；其次，要重视学生作为评价主体的重要性，引导学生学习自评和对他人做出客观评价，以培养学生的评析能力；最后，要以相对评价与绝对评价相结合、定性评价与定量评价相结合、形成性评价与终结性评价相结合的评价形式对学生的学习情况进行客观而全面的评价。

（8）教学设计评价。为了完善教学设计，教师需要对设计的教学方案进行预先评价，主要有以下两个途径。

①在实施之前，评价教学方案是理论上的预评，主要目的是提高方案在教学实施过程中的可行性和可操作性；

②在教学活动之后评价教学方案，是总结教学活动的得与失，为下一轮的教学做指导，修订目前所实施的教学方案。

第四节　中小学体育课程内容衔接分析

一、中小学体育课程内容衔接的理论依据

（一）系统论依据

系统论是中小学体育课程内容衔接研究最基本的理论依据。系统论认为，任何杂乱的事物都可以被看作一个有机的整体，它并非各个要素的简单组合，而是由若干个彼此之间存在必然逻辑联系的要素相互作用而组成的一个体系。

首先，从整体的架构来看，我国的教育体系是一个庞大的系统。初中和小学就是这一系统中的两个重要组成部分。这两个部分存在一定的逻辑联系，相互影响，不能把它们单独地孤立起来分析。

其次，从中小学体育课程内容的整体架构角度来看，中小学体育课程的内容是各个因素组成的结构严密的整体系统。其组成要素主要有学生、教师、教学设施、教学任务、课程内容的选择、教学方式以及教学方法等。

最后，将各个因素视作一个整体综合考虑，才能使课程内容衔接高效、有序地运行，如果某一个地方出现差错，可能会破坏整个系统的完整性，对体育课程内容的衔接造成影响。

（二）认知发展理论依据

认知发展理论是教育心理学中一个极为重要的理论。人的认知是一个不断构建的过程，是在个体与环境的互相作用中实现的，认知发展可以划分为感知运算阶段（0～2 岁）、前运算阶段（2～7 岁）、具体运算阶段（7～11 岁）、形式运算阶段（11 岁～成人）。这四个发展阶段是一个连续的过程。前一阶段是

到达后一阶段的前提，任何阶段都不可能直接跳过而到达下一个阶段。

根据我国小学的入学年龄以及中小学阶段学习年限的规定，小学生、中学生年龄段分别是具体运算阶段和形式运算阶段。小学生在学习上更易接受直观形象的教学内容，而初中生思维逐渐趋于成熟，可接受一些抽象内容的学习。体育课程内容的衔接要与学生身心发展的认知特点相匹配，学生作为学习的主体，各自有着其所在阶段的认知发展水平。

因此，在体育课程内容的设置上，要与不同年龄阶段的学生认知发展水平整体保持一致，才能帮助学生更好地接受体育课程内容的学习；如果与该学段学生发展的实际水平不匹配，则将会影响学生对体育课程的学习以及对体育兴趣的形成。所以在体育课程内容的安排上要遵循学生的认知发展规律，这样才有利于学生对体育老师教授运动技能的学习，使学生在各个不同学段之间顺利过渡，实现体育课程内容的高效衔接。

（三）学习迁移理论依据

学习迁移是指人在一种情境中的学习影响他在其他情境中的学习。随着发展学习迁移理论逐渐完善，人们对学习迁移进行了不同维度的分类。例如，按照性质可分为正迁移（起促进作用的迁移）和负迁移（起阻碍作用的迁移）；按照时间次序可分为顺向迁移（之前的学习对后续学习的影响）和逆向迁移（后续学习对之前学习的影响）。学习迁移是学校教育中一个非常重要的问题，在课程内容的设置、教材内容的编写、教学方法的选择上都会凸显出它的作用。

学习迁移现象之所以普遍存在于学习和生活之中，主要是因为客观事物彼此之间是相互联系、相互制约的，而不是相互孤立的。人类在学习新内容或者处理新问题时，往往会根据已有的知识和经验来进行。在体育学习中，学习迁移也是一种非常普遍的现象，各类运动技能之间或多或少地存在一定联系，体育学习的迁移是各项运动技能相互作用并逐渐整合的过程。任何运动技能的获得都不可能是一蹴而就的，而是有一个循序渐进的过程。因此，对于体育课程内容衔接，要尽量利用学习迁移的理论，合理编排不同学段的课程内容，降低负迁移的干扰。

二、中小学体育课程内容的整体衔接分析

（一）《体育与健康课程标准》的内容分析

我国中小学体育课程的目标内容是：能够让学生拥有一定的体育基础知识，并学会一些基本的运动技能和正确的运动方法，同时使学生养成长期进行体育锻炼的良好习惯。中小学体育与健康课程的内容实际上就是将体育运动化作生活中的实际运用，开设中小学体育与健康课程的目的就是使中小学生拥有强健的体魄以及乐观积极的性格。体育与健康课程目标可以划分成四大维度，即

学生对体育的兴趣、学生的技能掌握、学生的身体健康以及学生的心理健康。

（1）课标小学体育课程内容。小学阶段的体育健康课程结构共分为运动参与、运动技能、身体健康、心理健康与社会适应，每个方面又有各自的学习目标以及课程内容。

整体上，小学阶段的课程目标，在运动参与方面，强调通过丰富有趣的内容和各式各样的方法让学生体验运动的乐趣与成功，刺激学生对体育的初感知，以此来引导、激发学生对体育运动的兴趣和参与意识；在运动技能方面，小学阶段注重通过体育游戏来发展学生最基本的运动能力；在身体健康方面，课标则要求以最基础的体育保健知识来引导学生懂得行为习惯和疾病预防对身体发育和健康的影响；而在心理健康与社会适应方面，重视培养学生自尊自信的心理，并进一步引导学生在体育活动中学会交往。

（2）课标初中体育课程内容。初中阶段的体育与健康课程结构与小学一样，也是由运动参与、运动技能、身体健康、心理健康与社会适应四个方面组成，但是在具体的学习目标和课程内容上又有些许不同。在运动参与和运动技能的掌握上，初中阶段在总体上注重学生的自主选择性，以鼓励的态度促进学生形成积极参加体育活动的习惯，并主动地应用所学知识；而在身体健康、心理健康与社会适应方面，初中阶段则注重提升学生对体育保健知识的掌握程度以及培养其面对挫折时调控情绪的能力。

（二）中小学体育课程内容对比

中小学体育课程内容的不同之处在于，初中体育课程内容应当是在小学体育课程内容基础上的巩固、延伸以及拓展，小学和初中体育课程内容的侧重点也有所区别。

首先，初中体育课程尤其是七年级体育课程的内容是小学学习基础的巩固及加深。例如，在小学和初中都有田径运动项目的学习。在小学阶段，田径的主要教学内容是通过体育游戏和各类活动学习田径运动中的基本技术，因此小学的田径教学内容更强调多样性、趣味性以及竞争性，让学生在沉浸体育游戏的同时掌握奔跑、跳跃以及投掷等动作的正确方法，提高身体素质；而在初中阶段，要在学生已掌握动作的基础上，巩固小学所学技能并逐渐增加在技术上的要求，使学生能够在已掌握某一项技能的基础上做到标准以及规范。

其次，初中体育课程的内容是小学体育课程的延伸和拓展。如体操中技巧技术的学习，在小学学习“前滚翻”“后滚翻”的基础上，七年级增加了“鱼跃前滚翻”的学习。再如排球技术的学习，排球共有“传球”“垫球”“扣球”“发球”“拦网”“准备与移动”这六大基本技术。在小学阶段，学生只学习排球技术中的“准备与移动”“垫球”“发球”这三种最为简单易学的技术；到了初中以后，在这三项技术的基础上又增加了难度相对较高的“传球”技术学习。

这不仅提升了学生的排球技术，还为将来学习更多的排球技术打下了基础。

虽然小学和初中的很多学习部分是一样的，但是教学目标的侧重点却存在一定的差异。总体来看，小学体育课程内容的侧重点主要是使学生了解并能够简单掌握某一项运动技能。到了初中这一阶段，则要求学生在体育游戏或比赛中，能够运用所学的各类运动基本技术和战术。因此，初中阶段更强调学生对各类运动项目的实际运用，这也是体育课程内容衔接主要的核心点。

（三）中小学体育教材内容分析

第一，当前中小学体育教材中的课程内容丰富多样，既有深受学生喜爱的篮球、足球、羽毛球等各种运动项目，也有田径、体操等提升学生基本身体活动能力的运动项目，就种类来看，可以说基本上较为全面地涵盖了现代体育运动。但同时这也对中小学体育课程的教学实施提出了较高的要求，如果体育课程教学实施不到位，导致各个学段、各个学校之间出现体育教学内容的差异，将会对中小学体育课程内容衔接造成一定的影响。

第二，各类运动项目在中小学的有效开展必须以足够的场地器材设施作为依托，当前体育教材内容里涉及的运动项目众多，这就对中小学体育场地器材设施提出了较高的要求，而一些对场地器材设施要求比较高的运动项目，仅有小部分体育资源充沛的学校能够开展，大量从农村转学到城市的学生无法适应城市学校的体育课程内容，因此加大了学生学习体育课程内容的难度，也不利于中小体育课程内容的衔接。

第三，体育与健康课程是为了让中小学生掌握一定的体育基础知识与运动技能，使学生能够养成参与体育锻炼的习惯。依据《体育与健康课程标准》编写的中小学体育教材内容也体现出了这一点，而在实施的过程中对体育教师的综合素养则提出了更高的要求。

第四，不同学段之间体育课程内容的低级重复问题。通过对中小学体育教材内容的对比，不难发现部分中小学教材的重复内容较多。比如，在小学教材里出现的体操运动中的稍息、看齐、立正，篮球运动的双手胸前传球技术、原地单手肩上投篮技术，足球运动的脚内侧踢球技术、脚背内侧传球技术，排球运动的正面双手垫球技术、正面下手发球技术等运动技术，又在初中的体育教材里再次出现。根据体育学科的学习特点，部分运动技术确实可以重复学习，以巩固提升运动技能的掌握，但是像篮球的双手胸前传球等简单的基础技术在小学阶段与初中阶段的课程内容中反复出现，则应尽量避免。

综上所述，对于不同学生之间存在的差异，要在体育课程的教学内容上也体现出差异性。可以采用“分层次”教学方法，使一部分体育基础不牢固的学生掌握最基础的运动技能的同时，也让有一定体育基础的学生运动技能有所提升，并培养他们对体育运动的兴趣，从而使他们形成参与体育锻炼的习惯。

第四章
CHAPTER FOUR

中学阶段体育教育发展与改革

第一节 中学体育教学设计的意义与原则

一、中学体育教学设计的意义

（一）指导体育教学过程

从一般意义上讲，体育教学设计的主要任务是解决体育教学过程中出现的问题，优化体育教学过程。具体来说，就是通过预先的规划与设计使得出现过的问题在今后的体育教学中不再出现或者减少出现。现代的体育教学设计则克服了这种局限，将体育教学活动建立在科学、系统的基础上，使体育教学手段、过程成为可复制、可传授的技术和程序。体育教学设计虽然对体育教学起不了决定性的作用，但是它的作用也是不容忽视的。

（二）促进理论与实践的结合

体育教学设计有利于体育教学科学化、现代化。现代体育教学设计以学习理论、心理学有关理论为依据，从体育教学的科学规律出发，应用系统方法解决体育教学问题。这就使体育教学活动的设计摆脱了经验主义而进入科学的轨道，使广大体育教育工作者方便接受，并能在体育教学实践中进行传承。要使体育教学工作科学化，就应当提倡学习和运用体育教学设计这项教学技术。长期以来，体育教学研究偏重理论上的探索，使体育教学理论成为纸上谈兵，对改进体育教学工作帮助不大。在这种情况下，被称为“桥梁学科”的体育教学设计学起到了沟通体育教学理论与体育教学实践的作用。一方面，通过体育教学设计，可将已有的体育教学理论和研究成果运用到体育教学实践中；另一方面，可将体育教师的教学经验升华为教学理论，充实和完善学科教学理论，使体育教学理论与体育教学实践紧密地结合在一起。

另外，对体育教学设计过程的认识，可以促进体育教师结合教学实际，对现有的教学行为进行改进和创新，全面贯彻和实施《体育与健康课程标准》，促进体育与健康课程教学改革，优化课程教学，提高教学质量。

（三）培养教师科学思维的习惯和能力

体育教学设计可以促使体育教师的教学从经验型、随意型向科学型转变。体育教学设计集合了体育教师的教育教学理论知识和专业素养，有助于把体育教师培养成为教学的设计者、组织者和实施者。体育教学设计有助于体育教师发现教学中存在的问题，积极思考和探索解决问题的办法和思路，使体育教学设计的教学方案更具有实效性、针对性。同时，体育教学设计有助于更好地体现学生的主体地位，满足根据学生的个体差异进行教学的需要。体育教学设计也是系统地解决体育教学问题的过程，如在课时教学目标分析中，需要将教学目标分解为一系列子目标（认知、技能、情感目标等），建立一个教学目标群，然后根据教学目标确定教学内容，选择教学方法，制定教学策略，并确定实现目标的教学步骤等。这与很多实际问题的解决思路（如现代管理学中的目标管理思路）是相同的。另外，像教学设计的背景分析、决策设计、评价反馈等理论与方法，在现实的生活、工作实践中也会经常使用。因此，通过体育教学设计原理与方法的学习、运用，可以培养体育教师科学思维的习惯，提高体育教师分析和解决教学问题的能力。

二、中学体育教学设计的原则

（一）目标导向原则

目标导向原则是指体育教学设计必须紧扣体育教学目标，所有教学环节的设计都以目标为导向，体育教学设计方案要保证实施过程的教学行为与目标保持高度一致，为目标的实现服务。体育教学目标由体育与健康课程目标决定。从课程目标到水平目标，到学年目标，到学期目标，到单元目标，再到课时目标，形成系统的教学目标序列。

体育教学设计是一个通过解决问题来实现体育教学目标的准备过程。因此，在进行体育教学设计之前，要认真解读体育与健康课程目标体系，理解体育教学的宏观目标，找到课程目标实现的具体步骤；深入教学实际进行调查，了解教学中存在的问题，确定问题的性质，分析学习者的学习需要、特点和起始能力，从而确立课堂教学的具体目标；选择实现目标的手段，研究解决问题的办法和途径，设计实施程序，然后用体育教学设计方案的形式呈现出来，最终达到解决体育教学问题、实现体育与健康课程目标的目的。

体育教学设计在体育教学过程的初始阶段，对体育教学过程起到宏观调控、指导与定向的作用，它的优劣直接影响体育教学过程和教学效果的优劣。体育教学的目的就是帮助学生从起始状态（学生目前的实际情况）达到目标状态（学生学习后达到的结果）。体育教学设计就是为了制定科学、合理的教学实施方案，帮助学生高效地实现这种状态的转移。因此，体育教学设计的每一个环节、每一个步骤都要考虑对教学目标实现的功能和作用效果，检查是否有利于学生的体育能力、健康状态、社会适应能力向目标状态高效转移。

（二）整体优化原则

在进行体育教学设计时，应从整体最优的目标出发，使体育教学系统的每一个要素、每一局部过程和每一环节都置于系统的整体设计中，以协同实现体育教学设计整体功能的最优化，而且要特别注意要素之间结构和功能的相互匹配，最终设计出最优的教学方案，使体育教学达到体育教学设计的预期效果。

体育教学设计的整体优化集中表现在设计和组织教学两个方面。它包括四个基本要素，即分析教学对象、制定教学目标、确定教学策略和安排教学过程。体育教学设计整体优化原则要求把体育教学设计作为一个整体加以考虑。要从体育教学设计方案整体与要素、要素与要素的相互联系和相互作用，以及体育教学设计系统与外部环境的制约关系中去把握体育教学设计的特征与规律。要运用系统的思想和方法，把影响体育教学设计效果的各个因素看作整体的一个部分，对体育教学设计过程的各个环节及其相互关系做出分析和探讨。同时，由于整体功能大于部分功能之和，我们还要从整体考虑并设计体育教学过程，处理好体育学习需要与学生特征、体育教学内容与体育教学策略、体育教学目标与体育教学评价、体育教学环境与体育教学媒体等要素和要素之间的关系，设计出最优化的体育教学方案，增强体育教学系统的整体功能，提高体育教学的整体效益。

（三）程序性原则

程序性原则是指在体育教学设计中必须根据学生的现实状态，遵循体育教学规律，有序地编排教学内容和采用恰当的教学策略。体育教学观念不同，体育教学设计的指导思想不同，体育教学设计的重点和结果也不同。体育教学设计是体育教师科学素养和教学思想的具体体现。体育教学设计作为系统决策过程，它的每一步都受一定的体育教学观念的支配。因此，在体育教学设计中，体育学习程序的编排要有利于学生原有认知结构、动作技能、健康水平、身体素质向新的体育学习内容转化，有利于动作技能的良性迁移，有利于促进学生的学习和社会适应能力的形成，还要便于教与学的操作。

体育教学设计实现程序化是一个非常困难的过程。因为体育教学目标体系是多元化的，体育教学内容与体育学习目标呈非线性关系。体育教学内容基本上是依托体育项目，加之体育教学环境复杂，不可控因素较多，导致体育教学设计难以程序化。体育教学设计课程是以系统的思想和方法为指导，以体育教育学的相关理论为基础，遵循与体育课程有关的生理学、心理学和社会学原理，对“教什么”和“如何教”所制定的一种“低耗高效”的操作方案。因此，体育教学设计的程序性不但要求体育教学设计者要把握学生认识规律、动作技能形成规律、身体发育规律、身体适应规律，深入了解学生的知识学习基础、身体基础、动作技能基础、体育学习态度，还要求教师要根据现有教学环境条件，研究体育教学内容体系，编制体育教学步骤，从而使之程序化。

第二节　中学体育教学创新发展模式

一、快乐体育模式

（一）快乐体育的要素

第一，环境优化。“硬环境”美化、协调；“软环境”（人文因素）健康和谐。

第二，情感驱动。具体体现在：①教学中要引起学生快乐和成功的情感体验；②教师应从情感教学入手，以自己对学生、对教材、对教学活动的热爱来激发学生勤奋学习；③建立民主、合作的师生关系。

第三，协同教学。协同教学是指在体育教学过程中重视教与学诸要素之间的参量配置协调、同步以及互补，以形成体育教学活动协同高效的运行机制，使体育教学的整体功能得以放大、增值。协同教学要求启发式的教法与创造性教法有机统一，其突出特点是在内容上强调“发现学习”，在形式上强调“学习过程自组”。

第四，增加评价。由口头的形成性评价和激励性评价组成，是一种即时的教学反馈。在具体运用时应注意：①形成性评价要及时准确，激励性评价要适时并保持较高的频率；②有效实用；③避免超负荷；④强调多项性。

第五，快乐体验。快乐体验主要指快乐的运动体验与成功体验。在教学中强调不同的体育活动所独具的乐趣。实践中应强调：①教材要适合学生的身心特点，照顾学生的体育兴趣，满足他们的体育需要；②“情景交融”，使学生产生强烈的学习欲望；③加强学法指导，使学生的学习在“我要学”的基础上做到“会学”；④强调非同步化教学，要因材施教，区别对待，力求使每个学生都有自己的学习目标和自我实现的机会。

（二）快乐体育的实施

1. 实施要求

（1）注意中学生在体育教学中的主体地位。快乐体育教学要充分发挥学生的主体地位，使中学生有自己的思想和追求目标。所以，让学生参与到学习计划的制订过程中，将会取得更好的教学效果。

（2）建立和谐的人际关系。体育教育是一个双向的、多边的、复杂的活动过程，体育教师主导着教学的方向、进度和内容。他们以自己良好的思想品德、丰富的知识、高超的运动技艺、活泼生动的形象教育影响着学生，在教育中发挥主导作用。

(3) 追求中学生的个性发展。快乐体育力图促进学生的全面发展，在追求学生体育知识技能提高的同时，也追求中学生的个性发展。一方面，让学生的个性倾向和个性心理特征在运动项目的选择以及参与运动项目的积极性和主动性上充分表现出来；另一方面，通过体育教学过程促进学生的个性发展，帮助学生更深入地挖掘其从事运动的潜力，发现参与体育运动的乐趣。在快乐体育理念的指导下，培养学生的独立性、自主性、创造性，以及表现美的情感和能力，促进学生的全面发展。

(4) 快乐体育理念的引进使体育课更具吸引力。体育教学的艺术性就在于促进中学生乐于进行独立思考，乐于进行体育学习，追求运动乐趣。

2. 积极作用

快乐体育理念对于提高体育课堂的教学效果十分有帮助。它改变了体育教学以往陈旧的教学观念，变革了传统的单一、死板的强制灌输的教学方法，使体育课堂的氛围更加活跃、生动，能够充分激发中学生对体育运动的兴趣，有利于体育课堂中学生主体性地位的发挥，能够帮助中学生养成良好的体育运动习惯，对于中学生的身心健康十分重要。在这种教学模式下，中学生对课堂教学的排斥感将会明显降低，他们更愿意主动参与到课堂学习中，变以往的被动学习为主动学习，学习效率必然能够提高。中学生学习态度的转变对于教师的教学也十分有帮助，学生积极参与到教学活动中，自然使教师的授课更有动力。

二、体育合作学习模式

在体育教学中将学生分成小组进行学习，为合作学习在形式上奠定了重要基础，为转变学生的学习方式，提高学生的合作能力搭建了重要的平台。但是，我们也要看到，有了合作的形式并不等于就是合作学习，绝不是简单地把学生分成小组进行学习和锻炼就能达到合作学习的目的。和其他科目的合作学习一样，在体育合作学习中同样需要积极互赖、个体责任、异质分组、社会技能、小组反思和评价这五个要素。

(1) 积极互赖。学生要认识到自己与其他小组成员之间是同舟共济、相关协作、相互依赖的关系。

(2) 个体责任。小组中的每一个成员都是小组成功完成任务所不可或缺的一员，小组成员必须明确自己在合作中的角色定位，承担自己在小组作业中的责任。

(3) 异质分组。异质分组是指把体能、运动技术等处于不同水平的学生分到一个学习小组，这样能够最大限度地发挥合作学习的优势。

（4）社会技能。社会技能是小组合作的基础，是学生进行有效的合作学习必须借助的能力。小组内部的互动、人际关系的处理都需要小组成员具备一定的社会技能。

（5）小组反思和评价。小组反思是让组员对自己的学习计划、合作行为进行仔细的检查，肯定优点并继续保持，找出缺点并制定改进措施。小组评价是定期地评价共同活动的情况，以保持小组活动的有效性。评价至少应包括总结有益的经验、对小组活动中存在的问题及其原因进行分析、对小组的发展方向和目标提出明确的要求等。

第三节　中学体育教学发展策略

一、重视体育教学的德育功能

通过体育教学实现德育目标，主要是通过体育教学活动使学生在思想品德以及综合素质与能力方面有所提升。随着素质教育在我国学校教育体系中的不断深入，体育教学的德育功能也得到了前所未有的重视。之所以说体育教学具有德育功能，主要是因为一部分体育项目的顺利进行离不开参与者之间的配合与正确的竞争，也就是常说的团队合作精神与正确的竞争意识。另外，可以对体育教学活动中的运动项目进行调整，充分利用不同运动项目的不同特点，有针对性地对学生不同方面的能力及素质进行培养，使体育教学的德育功能得到充分发挥。

二、更新体育教学内容

（一）竞技内容教材化

由于每个学校的教学环境、场地设施、师资力量等情况都有所不同，因此教学内容也会有所差异。体育课程主要就是竞技性运动的教学，竞技内容应逐渐实现教材化，形成健身与娱乐相结合的教学形式。中学体育教学中的竞技运动教学器材可以略作调整，如铅球的重量、跨栏的高度及距离、排球网高度等，这些都可以根据不同的教学对象加以调整，尽量避免将中学体育教学等同于专业的竞技项目训练，要注重突出发展学生自主学习的积极主动性和创造性。

（二）增加娱乐型运动项目

就目前情况来看，大部分学校都在开展“快乐体育”教学，但是快乐体育并不意味着只是追求教学的趣味性。其是在完成基本教学任务的前提下进行一种寓教于乐的教学。这种教学方式重视学生在课堂上的主动参与和积极体验，重视培养学生的人际交往能力和独立个性，让学生在轻松的课堂气氛中掌握所学内容，在潜移默化中实现身心的全面发展。体育教师在安排教学内容时可以选择一些娱乐性强的运动项目，并运用运动比赛、游戏等教学方法让教学更具趣味性。

（三）课内外体育活动中尝试选项课教学

在课内教学和课外体育活动中尝试选项课教学已经在很多学校得到广泛应用，并取得了一定的成绩和效果。中学时期是青少年生长发育的重要阶段，中学的体育课程要充分考虑中学生的身体状况，选择一些能够提高学生身体素质和生理机能及能有效促进学生身体发育的教学内容。选项课教学能够有效避免小初高不同阶段体育课程的内容重复，根据不同学生的兴趣和特长来进行课内教学和课外的体育活动，从而调动学生学习的积极主动性，培养学生树立终身体育的理念，养成经常进行体育运动的好习惯。另外，新时期的中学体育教学提倡将课内教学和课外体育活动结合起来，除了要安排学生学习一些体育常识，还要确保足够的室外活动时间，如何将课内教学和课外活动的比例与时间分配好，是广大体育教师与各个学校需要不断研究和探索的问题。

三、构建科学的教学评价体系

体育教学评价是体育教学体系非常关键的部分，科学合理的教学评价体系不但能够快速实现教学目标，而且能够有效提高教学质量，对教学具有指导性作用。就目前情况来看，中学体育教学的评价体系正由终结性评价体系逐渐转变为过程性评价体系。现代体育教学的宗旨是提高学生体质，培养学生形成终身体育的思想和能力，所以考试评价也应该更加重视过程，把过程和结果巧妙地结合到评价体系中。教学评价包括教师评价、学生自评及互评等评价方式，教学评价内容应包括学生的运动意识、运动能力、运动习惯等，教师应该根据学生的不同情况对考试标准及内容及时进行调整，但要避免过于随意，教学评价应体现一定的激励性，这样才能在客观给出学生成绩的同时，让学生能够找出自己的不足并及时改正，争取更大的进步。

第四节　中学体育教学改革分析

一、中学体育教学改革的重点

（一）课程目标改革

（1）通过体育与健康课程的学习，提高学生的体能和运动技能；使学生学会学习，学会创新；使学生形成运动爱好和专长，培养学生终身体育的意识习惯和能力；培养学生良好的心理品质，提高个人社会交往能力、增强团队意识；使学生养成健康的生活方式和积极的生活态度。

（2）为学校体育活动的开展培养体育骨干和教师小助手，为学校各级运动队选拔具有运动特长的学生，为上一级学校输送和培养高水平运动后备人才。

（二）教学内容改革

中学体育课程的改革，必须围绕终身体育这一中心目标对体育教学多方面功能的认识，能够为体育课程的改革提供一定的指导。

（1）更新课程设置。在课程设置方面，各级学校应尽可能为学生提供更多的学习资源，在现有的篮球、排球、足球、乒乓球、羽毛球、健美操以及武术等项目之外，要积极利用资源，开设游泳课、跆拳道课以及轮滑课等。

（2）实现学生真正的发展。教师只有全面了解学生，才能增强教学的针对性和适宜性。因此，体育教师需深刻了解学生，这有助于教师选择合适的体育教学内容、方法与情境，从而对学生进行有效的教育。

（3）体育课教学要有适宜的运动负荷。新时期体育教学是教、学、练以及思的有机结合。适当提高学生的运动负荷，可提高体育教学的综合效益，这也对体育教师提出了新的要求和挑战。

（4）加强教师的主导作用。提高体育教学质量最基本的前提是，必须提高教师的教学能力和教学水平。教师主导作用发挥得好，学生主体作用才能更好地体现。

（5）培养学生创新精神和实践能力。创新精神和实践能力是衡量学生的一项重要指标，为此，体育教师在教学中应通过多种手段培养学生活跃的思维、丰富的想象及运用知识解决问题的实践能力等。例如，教学内容的安排要体现健身性、趣味性和实用性，以推动学生生理、心理和精神等方面素质的提升，使学生获得成功和愉快的体验，促使他们真心热爱体育，并增强自尊心和自信心。

（三）教学设计改革

通过体验观察、启发思维，激发学生的学习兴趣，调动学生的积极性和主动性。在教学设计和教材内容上应进行如下改革。

（1）导入与热身。课前预设知识问题，让学生带着自己不同的认识进入角色，使他们可以充分发挥他们的个性和能力。教师以学生朋友的身份，主动地融入课堂之中，带领学生进行蛇形移位跑、徒手操和专项练习，以起到热身运动的效果，调动和激发学生的练习兴趣，并逐渐导入新课，进入教材内容的教学。

（2）合作与探究。合作与探究是一种重要的学练方式，要贯穿课堂始终。例如，教师可以掌握合作跑技术和接力跑技术为重点，指导学生体验观察，思考比较，感知寻找问题，从而选择方法并解决问题。在教学中可将重点分为四个层次循序渐进地进行，见表 4－1。

表 4－1　教学中重点的四个层次

教学层次	具体实施
体验与观察	强调教学过程中以学生体验与实践为主，让学生带着问题去学习，有针对性地练，以演示、激励、指导的教学方法引导学生，采用体验法、观察法、尝试法、讨论法、合作法以及互助法调动学生的学习积极性，有的放矢地实施教学过程，以达到教学目标
巩固与加强	把合作跑作为重点，在快速跑的基础上，以小组竞赛形式调动学生的积极性和团结合作、积极向上的精神；在竞赛中建立正确的合作跑，并蕴含规则要求，进一步巩固、提高合作跑的能力
自主锻炼	让学生根据自身需求，自由结合，发挥想象，选创动作，进行柔韧灵敏练习；使学生学会柔韧、灵敏的练习方法
安全措施	突出学生的组织能力，再次展现师生互动、合作锻炼的课堂情境

（3）放松与小结。在教师的带领下做自上而下的放松活动，力求使学生的生理和心理得到彻底放松。课后小结，对同学们的练习情况和课堂表现进行讲评。

二、中学体育教学改革的策略

（一）尊重学生的主体地位

在中学体育新课程改革中，将体育教学目标分为三个维度，其中知识与技能的学习、过程与方法的学习均可以实现学生自主学习，尤其是体育理论课的学习和体育过程性知识的学习，均可以实现学生自主合作式学习。自主学习与合作学习模式的实现，都必须以尊重学生主体地位为前提，只有当学生掌握了足够的体育理论知识时，才能有效地完成自主学习与合作学习，并且达到理想的学习效果。因此，对于部分可以实现自我学习的体育项目，教师可以放手将课堂交给学生，如足球、篮球、排球等，这些科目的学习，需要学生不断地进行重复和训练才能掌握技巧，这也是学生实现自主学习的有效途径。由于教材的知识具有一定的局限性，为了拓宽学生的知识面，可以让学生利用图书馆资源或者网络资源进行知识的搜集与整理。作为教师，要摒弃传统的教学理念，从讲台走到学生中间，帮助学生掌握更科学的学习方法，有助于突出学生的主体地位。

（二）重视学生体育价值观的培养

对于中学体育教学活动的开展来说，不能局限于体育知识的教学，必须注重学生体育价值观的树立和养成，这有利于落实体育新课程改革的三维教学目标。中学生正处在心理发展的特殊时期，这一时期的价值观培养对他们的成长十分重要，因此教师要帮助学生树立正确的体育价值观，使他们感受到体育运动的重要意义。对此，可以结合教学的实际情况，为学生引进更多的教学资源，可以利用多媒体等先进技术，为学生播放体育赛事，以此激发学生的体育热情。

（三）利用现代化教学手段提升实效性

在体育课程新目标的指导下，开展课堂教学要充分利用现代化教学手段，如利用多媒体技术进行辅助教学，力求建设创新高效的、现代化的课堂。在中学体育课堂的教学过程中，有很多体育知识都是通过体育活动的过程进行展现的，但是由于很多体育活动的时间较短，而且动作的连续性较强，学生很难通过教师一两次的演示就掌握动作要领，所以，学生的学习效果并不理想。为了克服这一困难，教师可以充分利用多媒体技术，通过视频课件的演示以及回放功能，让学生从多个角度观看体育活动，而且可以利用多媒体课件将连续的动作进行分解展示，这样便可以使学生更清晰地观察动作细节，更快地掌握动作要领，这有助于提高课堂实效性。

第五章 CHAPTER FIVE

儿童青少年体育教育基本活动

第一节 幼儿体育活动的基本体操与运动技巧

幼儿体育活动要在引导幼儿科学理解动作的基础之上，有目的性地发展幼儿身体运动能力，提高幼儿身体素质，促进幼儿身体正常发育。在幼儿园体育活动开展过程中，教师应引导幼儿较准确、规范地掌握一些基本体操的动作，学会几种基本运动技巧，能在自主活动中独立运用一些基本动作和独自进行游戏，从而有目的性地发展幼儿身体各部位的力量，以及身体协调性、柔韧性等方面的能力。在体育活动中，还要不断发展幼儿的协同合作的能力，使他们更具有纪律观念、社会意识。

运动技巧所涉及的内容难于基本体操的动作，需要教师的指导和幼儿的反复练习才能达到学习目标。这是幼儿体育课程中不可缺少的内容，也能成为幼儿基本体操的练习动作。

一、幼儿体育的基本体操活动

幼儿基本体操，是在集体活动中通过规范的身体动作，各运动关节有目的性地活动，激发幼儿身体活力，锻炼幼儿身体机能，增强幼儿体质，使幼儿养成正确的身体姿势的重要手段。常运用于早操活动、午休后觉醒操和各种体育活动前期准备中。

（一）幼儿基本体操的术语

举：由低部位向高部位举起的动作。例如：两臂前平举、斜上举、上举；向前、后、侧举腿等。

屈、伸：身体各关节的弯曲和伸展。例如：两臂肩侧屈、两臂胸前平屈、颈前屈、体前屈、屈膝等。“伸”对应“屈”进行。

绕：头颈关节，肩、肘、腕关节，腰椎关节，膝关节，踝关节，等等，做大于180°、小于360°的弧形动作。

绕环：在绕的基础之上，做大于或等于360°的圆形动作。例如：两臂经体侧向前绕环、腰部呈顺时针绕环等。

振：手臂或躯干做加速的富有弹性的动作。例如：两臂上举向后振一次、两臂胸前平屈向后振一次等。

踢：用腿做加速用力的动作。例如：向前踢腿、向后踢腿、向侧踢腿等。

蹲：两腿同时屈膝的动作。例如：全蹲和半蹲的动作。

摆动：手臂或腿做类似钟摆的动作。例如：两臂前后摆动、单腿前后摆动等。

撑：两手支撑在地面的姿势。例如：蹲撑、俯撑、跪撑、仰撑等。

（二）幼儿基本体操的类别

1. 徒手体操

徒手体操包括一般性徒手操、模仿操、拍手操、韵律操、武术操、有氧健美操等。不同的体操类型，具有不同的练习价值，建议各种体操类型之间合理搭配。幼儿基本体操一般以模仿操为主。

2. 器械体操

器械体操包括轻器械操和辅助器械操两种。

（1）轻器械操，如哑铃操、红旗操、球操、铃鼓操、圈操、棍棒操、花操、易拉罐操、草帽操、筷子操、手铃操等，主要又可分为常规器械和自制器械两类。

（2）辅助器械操，如椅子操、垫子操、皮筋操、踏板操、轮胎操、竹竿操等。

（三）幼儿基本体操的动作

1. 头颈部动作

（1）动作内容。头颈部动作内容主要包括头颈部前屈、后屈、左（右）屈，头颈部左（右）侧转，头颈部绕环，等等。

（2）动作要领。

①身体姿势：身体保持正直，双手叉腰；

②头颈部前屈：头部向前低头；

③头颈部后屈：向后仰头；

④头颈部左（右）屈：头部侧向左（右）侧弯曲；

⑤头颈部左（右）侧转：头部直立，向左（右）侧转90°；

⑥头颈部绕环：顺（逆）时针转动头部。

2. 直臂动作

（1）动作内容。直臂动作内容主要包括前平举、侧平举、上举、斜上举。

（2）动作要领。

①身体姿势：眼视前方，身体保持正直，双脚并拢；

②前平举：两臂于体前平行抬起，掌心相对；

③侧平举：两臂于体侧平行抬起，掌心向下；

④上举：两臂夹于耳侧向上垂直抬起，掌心相对；

⑤斜上举：两臂于肩上侧举，两臂之间呈 90°，掌心相对。

3. 屈臂动作

（1）动作内容。屈臂动作内容主要包括肩侧屈、两臂胸前平屈。

（2）动作要领。

①身体姿势：眼视前方，身体保持正直，双脚并拢；

②肩侧屈：两上臂平举，肘关节屈起，两手搭于肩上；

③两臂胸前平屈：两上臂平举，肘关节向内屈，两手放于胸前，掌心朝下。

4. 肩绕环动作

（1）动作内容。肩绕环动作内容主要包括直臂绕环、屈臂绕环。

（2）动作要领。

①身体姿势：眼视前方，身体保持正直，双脚左右开立与肩同宽；

②直臂绕环：以直臂动作进行，可分为两手臂同步于体侧向前（向后）绕环、两手臂依次于体侧向前（向后）绕环；

③屈臂绕环：开始动作呈肩侧屈，再向前（向后）同步绕环。

5. 扩胸动作

（1）动作内容。扩胸动作内容包括直臂向上扩胸、直臂侧向扩胸、屈臂侧向扩胸。

（2）动作要领。

①身体姿势：眼视前方，身体保持正直，双脚左右开立与肩同宽；

②直臂向上扩胸：两手臂同时向上举起，向体后快速振，掌心向前或十指交叉；

③直臂侧向扩胸：两臂同时快速向两侧平行振，掌心向上；

④屈臂侧向扩胸：两臂平屈于胸前，快速向两侧振，掌心向下或握拳；可结合一直臂、一屈臂向两侧同时振摆。

6. 蹲的动作

（1）动作内容。蹲的动作内容主要包括半蹲、全蹲。

（2）动作要领。

①半蹲：上体保持正直，稍向前屈；眼视前方；双手扶双膝；双脚左右开立稍宽于肩，双膝屈，大小腿之间的夹角大于 90°；两脚尖向前；

②全蹲：身体抱成一团，两脚并拢；上体紧靠大腿，大腿紧贴小腿，双手抱双膝，低头。

7. 踢腿动作

（1）动作内容。踢腿动作内容包括长踢腿和短踢腿。

（2）动作要领。

①长踢腿：踝关节伸，脚面绷直，膝关节舒展；

②短踢腿：踝关节屈，脚尖向内勾起，膝关节内收。

基本动作：上体保持正直，一腿伸直支撑于地面，另一腿快速向前踢起，双手于身体两侧保持平衡，或一手触击摆动腿的脚面。向侧形成侧踢腿，向后形成后踢腿等。

8. 举腿动作

（1）动作内容。举腿动作内容包括向前举腿、向侧举腿和向后举腿。

（2）动作要领。

基本动作：两手侧平举，身体保持正直，双脚并拢。

向前（侧、后）举腿：一腿支撑，保持直立，另一腿举起，举起时，绷直膝关节、踝关节，向前（侧、后）最大幅度地慢慢抬起，并能保持一定的时间。

9. 体侧屈动作

（1）动作内容。体侧屈动作内容包括向左侧屈、向右侧屈。

（2）动作要领。

①眼视前方，身体保持正直，双脚左右开立稍宽于肩；

②下肢不动，上体向左（右）侧快速倾斜，并恢复；

③结合手臂的动作非常多，可直臂、屈臂；

④双手放于体后、脑后、胸前等。

（四）幼儿基本体操的编排

基本体操主要表现在身体由上至下各关节的运动，包括头颈部关节、上肢各关节、胸部、腰部、下肢各关节的动作，编排基本体操的程序为头部运动、上肢运动（伸展运动、四肢运动等）、扩胸运动、下肢运动（踢腿运动、下蹲运动、马步运动、弓步运动等）、腰部运动（体侧运动、体转运动、腹背运动、体绕环运动等）、全身运动、跳跃运动及整理运动等。编排设计时，要注意由身体远端到近端，由身体局部动作到全身综合动作，由小运动量到大运动量，按人体生理机能活动能力的变化规律进行。

二、幼儿体育活动的运动技巧

运动技巧的内容较广，针对幼儿的特点，主要包括滚动、滚翻、劈叉、举腿、旋转、身体平衡及各种组合动作等。通过各种身体姿态的练习，不但能让幼儿学会各种有趣的动作技巧，还能促进他们良好身体姿势的养成，使其神经调节系统不断完善，强化感觉统合，促进身体各部位肌肉力量均衡发展，使幼儿能对自身进行有效控制。这也是让幼儿获得更多自我练习的方法。

（一）运动技巧动作

1. 仰卧举脚

身体呈坐姿，双手于体后成支撑，双腿放平于地面。

动作 1：双膝同时快速屈起，膝关节靠近身体。

动作 2：双膝依次屈起，膝关节靠近身体。

动作 3：膝关节不弯曲，双腿伸直同时举起。

动作 4：膝关节不弯曲，双腿依次伸直举起。

动作 5：双腿伸直举起后，双脚在空中走步。

动作 6：双腿伸直举起，双腿在空中分开，再并拢。

以上动作反复进行。

2. 俯身摇

身体俯卧于地面，双手向身后伸出，双腿向后屈；同时双手抓住踝关节；以腹部支撑地面，身体呈反弓，同时抬头；摇动身体重心，使身体摇动。

3. 坐位平衡

身体平躺于地面，双手于体侧呈侧平举，双腿伸直并放于地面。练习时，两臂在体后支撑地面，双腿及上体慢慢抬起，同时收腹，控制重心，在一定的位置，尽力保持身体的平衡，最后慢慢抬起手臂。

4. 俯身两头起

身体俯卧于地面，双手上举，平放于地面。练习时，双臂及双腿尽力保持伸直，同时，以腹部支撑地面向上抬起。在此之前，可用手支撑地面，尽力抬起双腿。

5. 爬行成俯卧

动作 1：身体呈全蹲，双手支撑于地面；练习时，双手依次向前爬进，双脚不动，使身体不断伸展。

动作 2：膝关节不弯曲，双手支撑地面不动，双脚逐步向后退，使身体伸展；也可双手不动，膝关节不弯曲，双脚向手的方向最大幅度地移动。

6. 坐位行

身体呈坐姿，双腿伸直，双手支撑于身体两侧。

动作 1：上体稍后倒，双手移向身体后支撑；同时双腿屈膝；双脚蹬于地面，使膝关节由屈到直，带动身体向后移动。动作反复进行。

动作 2：方法同动作 1，方向可以选择向前移动身体。

动作 3：方法同动作 1，两人前后而坐，坐于后面的人双腿分开，夹住前面一人的腰，两人运用动作 1 或动作 2 的方法，同步向前或向后移动。

7. 仰卧团身摇

身体呈仰卧，臀背部着地，双膝屈，脚尖勾起，双手抱于膝关节，同时头部靠向膝关节处，使身体抱成一团；移动重心，使身体前后摇动。

8. 身体旋转

身体直立，双脚左右开立，双手于体侧保持平衡。

动作 1：单脚支撑旋转。两臂侧平举，以一脚前掌作为转动轴，不离开地面；另一脚快速蹬地，使身体进行原地旋转。

动作 2：双脚旋转。两臂侧平举，分别以两脚依次作为转动轴，双脚依次离开地面，进行原地旋转。

动作 3：两臂侧平举，以双脚旋转为基础，进行一定距离移动的旋转。

动作 4：双脚跳起，身体在空中旋转一定的角度，双脚落地。

9. 前滚翻

身体呈全蹲，双手支撑于体前，双脚并拢。练习时，屈臂，低头，双脚快速蹬地，抬起臀部；滚动时，双手快速抱膝，经头、肩背、臀部；屈膝收腿，双脚尖勾起，成蹲。

10. 直体侧向滚动

身体俯卧或平躺于地面，双手上举平（或屈肘放于胸前）。练习时，转动肩关节，带动躯干，同时拧腰，带动下肢向一侧滚动，也可借助一定的坡度，帮助幼儿进行身体的侧向滚动。

11. 单腿独立

动作 1：单腿支撑，身体保持正直，悬空腿向下垂直屈膝于体前，两手抱膝。

动作 2：如上动作，悬空腿横向屈膝，双手把握于悬空腿的踝关节处。

动作 3：如上动作，悬空腿向后折叠，双手在体后握住悬空腿的脚面。

12. 劈叉

动作 1：身体坐于地面上，两腿伸直，脚尖勾起，同时分别向左右最大幅度地分开，双手向前伸出，同时抓住踝关节或脚尖，上体向前倾，并有节奏地向下压。

动作 2：双脚左右最大幅度地开立，上体前倾，双手支撑于地面，并有节奏地向下压。

（二）运动技巧游戏

1. 身体转转转

（1）目标。

①通过各种身体旋转的游戏，提高儿童身体的平衡能力；

②加强儿童相互协作的能力。

(2) 玩法。在教师的带领下，小朋友排成两列平行的横队，面面相对，两队间距一米，每队左右间隔一定的距离，教师站于两队中间的排头位置。

第一步游戏：打陀螺。每位小朋友任意举起自己的一只手，教师从排头开始，同时握住两排对应小朋友的手，快速带动，让幼儿原地旋转一圈，依次如上操作，让每位幼儿旋转起来。

第二步游戏：听从教师口令，要求幼儿顺时针旋转一圈或逆时针旋转一圈。次数不断增加。

第三步游戏：每位小朋友手执一系有彩带的短木棍，通过身体的旋转，带动彩带飞舞起来，在旋转的过程中，不断调节手臂的高低。根据幼儿能力，采用不同长短的彩带。

第四步游戏：画圈。每位小朋友蹲于原地，用小木棒或粉笔，原地画一个圈，看谁画得圆。

第五步游戏：两人翻转。两队对应的两个小朋友面对面站立，双手互牵，翻转时两人同时向同一方向翻转一圈，或者连续翻转。

(3) 规则。

①以上游戏，旋转时注意保持身体的重心，控制平衡；

②前两步游戏要求原地操作；

③在第三、四、五步游戏中，可安排幼儿自由散开，注意不要相互影响或发生碰撞。

(4) 建议。

①身体旋转的练习，要求教师对幼儿能力有正确的评估，掌握好练习的次数及间隔休息的时间，以控制好对幼儿具有挑战的练习；

②针对旋转练习不宜时间过长和连续操作的特点，在组织时，教师可安排分组轮换进行游戏。

2. 你能站多久

(1) 目标。通过各种单脚独立支撑的游戏，增强儿童下肢力量及平衡能力。

(2) 玩法。在教师的带领下，幼儿排成人数相等的两列横队，两队对应幼儿面对面站立，两臂相互搭在对方的肩上，听从教师的安排。

第一步游戏：要求其中一队幼儿，向体侧（或向体后）慢慢地最大幅度地抬起一条腿，并用力绷直，对应小朋友辅助，保障练习的幼儿身体保持平衡。一定时间后，两人互换角色。再次进行时，教师要求幼儿们换腿进行练习。

第二步游戏：教师要求对应的两位小朋友同时慢慢抬起一条腿，看看哪一对保持的时间最长。

第三步游戏：对应两位小朋友间隔一定距离，其中一位小朋友用脚钩住一个小塑料圈，并保持悬空，递向对应的小朋友，对应的小朋友也用相同的动作，用脚把小塑料圈接住。游戏反复进行。教师要求小朋友们多进行左右脚交替游戏。

（3）建议。

①单脚支撑的动作对于幼儿具有一定的挑战性，教师在进行组织时，可借助支撑物帮助幼儿进行练习。也可从多人相互支撑到两人间练习，再到个人练习。

②由于具有一定的静态性，教师应把握好练习的时间。

③单脚独立支撑的动作非常多，教师应选择由易到难依次进行。

④在第三步游戏中也可进行分组对抗游戏。

3. 手脚一起来

（1）目标。通过各种手脚同时支撑地面的游戏，提高儿童身体各部位的力量及对身体的控制能力。

（2）玩法。在教师的带领下，幼儿自由站于场地上，相互间隔一定的距离。

第一步游戏：听从教师口令，幼儿蹲下，两手支撑于体前不动，双脚依次向后退，使身体不断地向后伸展，直至身体完全伸直。当身体最大幅度地伸展后，教师要求幼儿向前移动双脚，最后恢复到开始动作。双脚向前或向后移动，也可以采用双脚并跳的方式进行，教师可以要求幼儿用最少的跳跃步数跳向双手，或使身体伸展开。

第二步游戏：听从教师口令，幼儿蹲下，两手支撑于体前，双脚不动，双手不断向前爬行，使身体最大幅度地伸展。如第一步游戏方法，双脚跳向双手方向，直至成全蹲，双手再次不断向前爬行，如此反复不断向前移动身体。

第三步游戏：双手支撑于地面，身体完全伸直，在练习过程中，躯干与腿保持原有姿态，用双手不断向前爬行。

第四步游戏：双手支撑于地面，身体完全伸直，在练习过程中，躯干与腿保持原有姿态，双脚脚尖着地为轴，双手交叉移动，使整个身体围绕着脚尖呈圆形运动。

第五步游戏：动作准备同第四步，此时双手为轴，双脚带动身体，围绕着双手支撑成并步圆形运动。

第六步游戏：教师要求幼儿面向地面，四肢着地，身体成倒“V”形支撑，任意抬起一只脚或一只手，用另外三个肢体支撑地面，看看谁支撑得好。教师不断变换要求。

第七步游戏：幼儿坐于地面，双手支撑于体后不动，双脚不断向前移动，使身体仰卧，看看谁能让自己的身体变得最直。

第八步游戏：单手单脚支撑。幼儿蹲于地面，教师要求幼儿一只手支撑于体侧，另一手臂平抬起，保持身体的平衡，同时双脚不断向外侧移动，最大幅度地伸展，最后双脚相并，形成一只手支撑，一只脚外侧着地的单手单脚支撑地面的动作。

(3) 建议。

①通过手脚的同时练习，全面锻炼幼儿身体各部分的力量。

②手脚支撑练习的方法很多，例如在第一、二、三、四、五步游戏中，在完成支撑动作后，可进行向下塌腰或向上挺腰的动作，帮助幼儿进行腰部及肩部的放松。

上述各种方法相互之间也可进行组合练习，从俯卧支撑到单手单脚支撑至仰卧支撑进行变换。

4. 七十二变

(1) 目标。通过个人及多人组合进行各种造型的游戏，提高幼儿身体控制的能力及相互合作的能力。

(2) 玩法。

第一步游戏：幼儿在教师的带领下围成一个圈，教师请幼儿到圈中用身体模仿汉字、字母、数字或某种物品等，其他幼儿跟着一起做，如“天”“中”“大”“茶壶”“苹果”“椅子”等，看看哪位小朋友做得最好。

第二步游戏：教师把幼儿按四人一组进行分组，要求四人之内，两人间、三人间或四人间自由组合，组成各种汉字、数字或字母等。可以站立组合，也可以平躺于地面进行组合，并进行各组的展示。如“小”“不”“又”“木”等。

第三步游戏：同第二步游戏的组织方法，教师要求幼儿进行各种图形或物品等的组合。如“三角形”“正方形”“圆形”“花朵”“小山”“圆桶”“堡垒”等。

(3) 规则。上述每一步游戏中模仿的各种物品，都要求是静止状态的，时间不宜过长。

(4) 建议。

①在第一步游戏中，教师可依次提出要求进行模仿。例如最先要求汉字的模仿，完成后再进行字母的模仿，以此类推。如此便于幼儿定向思维，较易达到要求。

②在第三步游戏中，教师可鼓励幼儿进行各种立体物品的模仿。

③由于多人组织模仿的难度较大，教师对此内容应给予更多的提示或示

范。也可把此内容安排在课后，要求幼儿在家中进行研究后，在集体游戏中完成。

5. 划小船

（1）目标。通过个人或两人协同进行各种屈体运动的游戏，提高儿童腹背的柔韧性，提高幼儿的合作能力。

（2）玩法。教师把小朋友们分成人数相等的两列横队，两组小朋友面对面站立，左右间隔一定距离。

第一步游戏：听从教师口令，面对面的两名幼儿两脚左右开立，双手相互搭于对方的肩上，手臂伸直，两人同时身体前屈，下肢伸直，使躯干和下肢呈90°。有节奏地使上体向下振动。

第二步游戏：如上组织，幼儿坐于地面，两腿伸直相并，面对面的两名幼儿的脚底相抵，放于地面，听从教师的要求："摸摸你的膝关节""摸摸你的踝关节" "摸摸你的小脚丫"。练习反复进行。要求练习过程中尽可能不弯曲双腿。

第三步游戏：听从教师的要求，幼儿坐于地面，面对面的幼儿两手相互牵起，双膝屈起于体前，两人的脚尖相抵，手臂伸直。游戏时，一人拉着对方手，身体重心向后倒，另一人随着拉力，重心向前移，如此反复，一人拉，一人进。

第四步游戏：教师要求幼儿伸直双腿，两腿左右分开，伸直平放于地面。双臂如第三步游戏方法进行拉动。教师要求不断增大拉动的幅度。

（3）规则。两人间练习时，要求幼儿控制好自己的力度，向后拉时不要用力太猛，动作幅度要由小到大。

（4）建议。

①第一步游戏中，除正面的柔韧性练习外，两臂也可放于身体的同一侧进行相互拉动，帮助幼儿体侧柔韧性的发展。

②此类方法主要强调腰部柔韧性的发展，两人间练习中，教师应更多地进行示范和口令提示，帮助幼儿控制好练习的幅度。

6. 灵活的双腿

（1）目标。通过各种以腿部练习为主的游戏，增强幼儿下肢、腹部肌肉力量，提高其协调能力。

（2）玩法。教师把幼儿分成人数相等的两列横队，两组幼儿面对面站立，同时左右间隔一定距离。

第一步游戏：每个幼儿都坐于地面上，双腿伸直并拢，放于体前，双手放于体后成支撑。游戏开始，听到教师口令"分"时，幼儿快速打开双腿；听到教师口令"合"时，幼儿快速合拢双腿。

第二步游戏：幼儿平躺于地面上，双腿伸直并拢，双手平放于身体两侧的地面。游戏开始，听到教师口令“合”时，幼儿快速举起双腿，收腹，把双脚尽可能地接近头部所在的地面；听到教师口令“开”时，幼儿快速回复到开始动作。

第三步游戏：幼儿坐于地面上，两膝屈起，放于体前，双手放于体后成支撑。游戏开始，幼儿快速抬起臀部，同时向上踢起一条腿，恢复开始姿势；再换另一条腿踢起。如此反复进行练习。

第四步游戏：幼儿平躺于地面上，双腿伸直并拢上举，双手放于体侧成支撑。游戏开始，听到教师口令“1”时，幼儿在空中用双腿写出“1”；听到教师口令“2”时，幼儿在空中用双腿写出“2”。如此类推进行练习。

（3）建议。第三、四步游戏中，如果练习有困难，教师可安排幼儿平躺于地面进行举腿的练习，同时，这两个游戏对于大腿力量的要求较高，教师要注意控制练习时间。

7. 灵活的双脚

（1）目标。

①通过双脚结合器材进行集体游戏，提高儿童腹背部、下肢力量及双脚的灵活性；

②培养合作能力。

（2）玩法。

游戏方法一：教师把幼儿分成人数相等的两组，让他们站于起跑线上，在终点处对应每组在地面上画一个圆圈，圈上放与每组人数相等的易拉罐，每个易拉罐都要求在游戏前平放于地面。游戏开始，听到教师口令后，每组排头的幼儿快速跑至终点，坐于圈外，并用双脚把其中的一个易拉罐从平放变成立起。完成后，跑回起点，第二个幼儿出发。如此反复，看哪一组做得既快又好。

游戏方法二：教师把幼儿分成人数相等的两组，让他们面向教师成两路纵队坐于地面上。每组排头的幼儿手握一小皮球。游戏开始，排头的幼儿把球夹在自己的双脚之间，双手支撑于体后，举起双腿，把球向身后传递。后面幼儿用手抓住来球，用与排头的幼儿相同的方法，把球向后传递。如此反复，看哪一组最先完成。

（3）规则。

①游戏方法一中，后面的幼儿在用脚进行操作时，如果碰倒前面幼儿立起的易拉罐时，可用手扶起；

②游戏方法二中，如果球从脚上滑掉，此幼儿必须自己去拾起，再继续游戏。

（4）建议。

①用双脚进行的游戏主要强调腿与腹背部力量的提升，此类游戏既可集体进行，也可单独操作；

②游戏方法二中，用脚夹住球向后抛的方法，也可在两名幼儿之间进行。

第二节　青少年体育教育中的基本活动能力

一、青少年体育教育中的竞走能力

竞走是两脚交替向前迈进，并与地面保持不间断接触的周期性运动。走时两脚不得同时离地，脚着地时膝关节不得弯曲。竞走的速度快、距离长，在技术动作上有专门的规则要求。

（一）竞走比赛规则

（1）竞走比赛包括两个核心规则：①始终保持至少有一只脚与地面接触；②前腿从着地的一瞬间起直到垂直位置，必须始终伸直，膝关节不能弯曲。

（2）比赛中有6～9名专职的竞走裁判员监督运动员。按规则规定，裁判员不能借助任何设备辅助判断，只能依靠自己的眼睛来判断运动员是否犯规。

（3）当竞走裁判员看到竞走运动员的动作有违反竞走技术规定的迹象时，应予以黄牌警告，并在赛后报告给主裁判。

（4）当运动员的行进方式违反竞走技术的规定，表现出肉眼可见的腾空或膝关节弯曲时，竞走裁判员须将一张红卡送交竞走主裁判。

（5）当竞走主裁判收到针对同一名运动员的三张来自不同竞走裁判员的红卡时，该运动员即被取消比赛资格，并由主裁判或主裁判助理向其出示红牌。

（二）竞走动作要领

（1）身体与地面垂直，上体保持正直，目视前方，颈部放松。

（2）支撑腿完全伸直，全脚掌着地，身体重心落于支撑腿上。

（3）迈步腿屈膝前摆，同时，迈步腿同侧骨盆沿身体纵轴向前转动，两臂顺势前后自然摆动。

（4）当身体重心前移超过垂直位置时，支撑腿用力后蹬，由全脚掌着地过渡到脚尖着地。

（5）同时，迈步腿膝关节伸直，小腿前摆，脚跟着地，呈双脚支撑姿势。

（6）迈步腿膝关节保持伸直，由脚跟着地过渡到全脚掌着地，身体重心移至迈步腿。

（7）支撑腿迅速蹬离地面，转入前摆。

二、青少年体育教育中的投掷能力

（一）铅球运动

1. 背向旋转推铅球

背向旋转推铅球技术有着独特的优势，主要体现在两个方面：第一，学生能够获得更大的转动动量和在更大的距离内为铅球获得预先的加速度，为动作敏捷、爆发力强的中小身材学生提供了比赛制胜的机会；第二，旋转动作可以预先使躯干肌群快速拉长，在出手动作之前储存了更多的转动动能，使学生能够更成功地发挥躯干、肩部和投掷臂肌群的力量能力。背向旋转推铅球主要结构与技术如下。

（1）持握铅球。学生背对投掷方向，两脚左右开立比肩稍宽，持球臂的肘部向外展开与肩齐平，上体微前屈。背向旋转推铅球预备姿势的持握铅球方式，与背向滑步推铅球技术的右臂肘部动作略有不同，为了在后续的旋转和最后用力动作过程中对抗铅球的惯性离心力和稳定地控制铅球，应保持右肘在体侧与肩轴成一线的姿势。

（2）进入旋转。以上体先向左转前尽量大幅度地向右转动进行预摆，预摆结束后，以身体左侧为轴，左脚、左膝和左肩开始向左转动。在身体转向投掷方向之前，右脚尽可能晚一些离开支撑点。躯干向投掷方向微前倾，前摆右小腿，左脚顺势踏离地面。

（3）腾空过渡。身体重心从左腿转到右腿的过程中，只有很短暂的腾空，右脚落地要平稳且富有弹性。腾空后，右脚顺前摆的势能积极落地，并用前脚掌不停顿地进行转动。之后，左脚要尽快落地，以便形成双脚支撑条件下躯干的最大扭紧状态，为最后转体用力提供有利的条件。此时，视线微向下，移向投掷的反方向，头与肩部的转动放慢，右脚、右膝、右髋向投掷方向积极转动，形成髋轴、肩轴的最大交叉扭紧状态。

（4）最后发力。背向旋转推铅球的最后发力与背向滑步推铅球动作相似，主要区别在于背向旋转推铅球能够更多地利用转体的动量，发力过程中双脚间距较短，造成了较大的向上动量。

（5）维持身体平衡。铅球出手后，学生通常采用两腿交换位置、继续顺惯性左转身体并降低重心来减缓人体转动动量和向前冲力，以维持身体平衡，防止犯规。

2. 背向滑步推铅球

（1）握球方法。五指自然分开，把铅球放在靠近食指、中指和无名指的指根上，拇指和小指扶在球体两侧，手腕背屈。手指和手腕力量弱者，铅球可放在更靠近指根处；手指和手腕力量较强者，可将铅球适当地移向手指的第二指节上。

（2）持球方法。握持好铅球后，将铅球放在肩上锁骨窝处，贴紧颈部，食指、中指和无名指处在球体的后面，拇指处在锁骨窝的上面与球体的下面，小指处在球体的前上方，掌心向前，右臂屈肘，大臂与躯干夹角约为60°。

（二）链球运动

掷链球技术是学生持链球在投掷圈内，以旋转前进的动作形式，使链球逐渐获得加速，最后将链球投向远方。链球飞行的远度取决于链球出手初速度和出手角度。出手初速度大小与旋转的角速度和旋转半径有直接关系。因此，在投掷过程中，要求学生以最快的旋转速度、最大的旋转半径，获得最快的出手初速度。掷链球是一项技术比较复杂的田径运动项目，掷链球动作过程通常可分为持握器械、预备姿势、预摆、旋转和最后发力五个环节。

1. 持握器械

以向左侧投掷为例，投掷链球时，扣锁式握柄方法是常用的握法。这种方法是将链球的把柄放在左手食指、中指和无名指中段指节和小指末节，手指关节弯曲成钩形，勾握把柄。掌骨关节相对伸直，右手指扣握在左手指的指根部，右手的拇指扣握左手食指，左手拇指扣握右手拇指，两拇指交叉相握，呈扣锁式握法。为取得较大的旋转半径，学生往往将把柄置于左手指骨末节和指骨中段之间，然后右手同样扣握在左手上。规则规定，掷链球时，左手可戴光滑皮质保护手套，但指尖必须外露。

2. 预备姿势

学生背对投掷方向站立在投掷圈后沿，两脚开立，距离同肩宽或略宽于肩，以适合学生预摆和开始旋转为宜。左脚靠近投掷圈中心线，右脚稍远，这样便于有充分余地完成四圈旋转。两膝关节微屈，上体前倾右转，身体重心移至右腿，链球放在圈内身体的右后方，两臂伸直。有的学生采用将球提离地面，由体前摆至右后方，然后直接进入预摆的方法，这样可使动作更自然。

3. 预摆

从预备姿势开始进入预摆阶段。学生拉链球，使链球沿有高低点的特定轨迹绕人体做圆周运动。大部分学生采用两周预摆。在两周的预摆中，球呈匀加速运动，第二周预摆要比第一周预摆速度快些，幅度大些。预摆的速度要与身体的平衡相适应，身体平衡靠两腿和髋的移动补偿调整。一般预摆两周时，每周链球运行距离为5～6米，速度为12～15米/秒。

第一周预摆是从两腿蹬伸、上体直立左转拉伸两臂开始的。链球从身体的右后方沿向前—向左—向上的弧线运动。随链球向前移动，体重逐渐从右腿移向左腿。当链球摆至体前、肩轴与髋轴相平行时，两臂充分伸直。随后链球向左上方运动。当链球摆到左侧高点时屈两肘，两手位于额前上方。当链球通过预摆斜面高点后，两臂逐渐伸直，身体重心移向右腿，左膝稍屈，肩轴向右自然扭转70°～90°。此时链球由上经身体右侧向下摆至低点，然后紧接着开始第二周预摆。第二周预摆一般运行斜面的角度较小，速度加快，幅度和拉力增大。

4. 旋转

旋转是掷链球的关键环节。旋转将使器械获得较大的速度，积累动量，并造成身体良好的"超越器械"动作，为最后发力创造有利条件。

旋转要求人与链球形成一个整体，有稳固的旋转轴和较大的旋转半径，要求在身体良好平衡的情况下，变换支撑形式，协调用力，逐渐加速，节奏明显，应充分利用双支撑时的加速转动，缩短单支撑时间，做好双支撑向单支撑的过渡旋转和单支撑向双支撑的转换，还应力求加长链球绕人体的转动半径，增加旋转的角速度。

在旋转过程中，单支撑和双支撑阶段的链球运行距离不同，每圈旋转时链球运行距离也不同。加长链球旋转时的运行距离和加快链球运行的速度，依靠增加双支撑用力时间并缩短单支撑时间完成。在完整的旋转技术中，各圈旋转加速的节奏一定要明显。加速节奏体现在缩短单支撑时间和加快双支撑旋转速度上。

在旋转中，链球最高点逐渐升高，运行斜面的角度逐渐加大，以便为最后发力创造适宜的角度。合理的旋转技术要求学生的头部与肩保持相对稳定，头部不能有任何扭转和倾斜，因为头部位置的改变会直接造成旋转动作的错误。例如，向左转头容易造成肩带的紧张，影响双臂的伸直和导致旋转困难。躯干直立能维持平稳的旋转和对抗球的拉力，有利于旋转加速。两臂伸直，两肩放松，使肩和手臂放松牵拉链球，形成一个稳固的三角形，会使旋转形成一个理想的旋转半径。旋转中，髋部向前挺出，有利于身体重心的移动和双支撑向单支撑的过渡，双腿弯曲有利于对抗链球惯性离心力和旋转时蹬地加速。

5. 最后发力

最后发力是在第三圈（或第四圈）旋转结束、右脚落地开始的。最后一圈右脚落地，下肢动作充分超越上体和链球，髋轴与肩轴达到最大扭转程度，两臂充分伸展，链球处在远离身体的右后上方，双膝弯曲，身体重心偏左。由于最后一圈转动速度较大，因此链球高速下行。链球一下行，身体重心右移，链球至身体的右前侧，身体重心移至双腿。当链球至身体右前方时，弯曲的双膝开始蹬伸，身体重心左移并升高，链球沿身体右侧弧线上升。此时，左腿做强有力的支撑，右脚左转蹬送，右髋左转，躯干挺伸，左肩左转，头自然后仰，链球快速运行上升。当升至左肩高度时，两手挥动将链球顺运行的切线方向和理想的角度掷出。为保持身体的平稳和防止犯规，链球出手后要转体换腿，降低身体重心。

三、青少年体育教育中的跳跃能力

（一）跳高运动

跳高是人体通过助跑、起跳、腾空、落地等一系列动作形式跳越高度障碍的运动。田径跳高运动项目一般采用的技术是跨越式和俯卧式，背越式跳高动作的技术难度大，通常仅被一些体育专业的学生用到，下面主要论述跨越式和俯卧式跳高技术。

1. 跨越式跳高技术

跨越式跳高是最简单的跳高方法，其跳高动作也很容易学会，它对身体素质要求不高，初学者多采用这种技术。另外，也可以用跨越式跳高来改进和巩固起跳技术或当作学习其他跳高姿势的过渡方法。跨越式跳高身体的重心处于比较高的部位，这种方法也是跳高过竿姿势中效果最差的一种，其主要技术如下。

（1）助跑。为了获得一定的水平速度，为迅速、有力地起跳和顺利过竿创造有利的条件，因此需要一个助跑过程。助跑速度的快慢取决于学生身体素质和掌握技术的水平，以保证最为有效地完成起跳动作和取得最大腾空高度为原则。

助跑采用站立式或行进中开始助跑的方法。助跑的前三、四步要轻松、自然、富有弹性，然后逐渐加速，上体应适当前倾，步幅逐渐加大，节奏感要强。助跑的后三、四步速度最快，节奏也更快，如三步的节奏应为“嗒——嗒、嗒”，这时重心较低，后蹬角度小，上体正直或稍前倾，摆动腿带动小腿积极前摆，脚掌做滚动式着地，落地点远离身体重心投影点。助跑倒数第二步最长，重心最低，摆动腿动作柔和，脚掌迅速滚动，同时积极向前送髋，身体重心迅速前移。此时，上体保持正直，起跳腿屈膝前摆，以髋带动大腿积极前迈，随后小腿前伸，两臂经体侧后引，准备起跳。

（2）起跳。起跳技术的关键在于放好起跳脚，做好“制动性”起跳，这是起跳学习中的难点，整个起跳动作要快速、柔和和富有弹性。助跑到最后一步时，起跳腿以大腿带动小腿迅速向前伸出，以脚跟领先落地，并迅速过渡到全脚掌落地。由于髋部的积极前送和小腿的前伸，起跳腿的髋、膝、踝三关节成一直线，使身体形成踝、膝超髋超肩的后倾姿势，两臂留在身体的侧后方。在摆动腿用力蹬伸和助跑水平速度的推动下，身体重心迅速前移，上体及时跟上，起跳腿屈膝缓冲。当身体重心移至起跳点的上方时，起跳腿迅速蹬伸起跳。摆动腿以膝带动大腿迅速前摆，至起跳腿膝部高度后，向前上方迅速勾脚尖直腿摆起，提腰、提肩；同时，两臂也积极配合摆动腿用力上摆，使身体向上腾起。

（3）过竿与落地。起跳腾空后，身体仍应继续保持向上腾起的姿势。当摆动腿过竿时，上体前倾，脚尖内转下压。摆动腿过竿后，继续内转下压，同时起跳腿外旋上提，膝盖靠近胸部，小腿自然上摆与横竿平行。接着，上体开始抬起，摆动腿同侧肩也随着摆动腿的内转下压动作而向起跳腿方向扭转，两臂也向上抬起。这时身体沿着纵轴旋转，以使上体和臀部能迅速过竿。起跳腿随着摆动腿的下压而抬高并绕过横竿后，摆动腿和起跳腿依次落入沙坑或海绵包、垫子上，并做屈膝缓冲。

2. 俯卧式跳高技术

俯卧式跳高技术是指学生以俯卧的姿势越过横竿。

（1）助跑。测定助跑步点，首先要确定起跳点。俯卧式跳高的起跳点一般距横竿垂直面 60～80 厘米。测定助跑的步点是俯卧式助跑的一个重要技术环节，有两种方法可供参考：①采用走步方法丈量，一般来说，走步的步数是助跑步数的 2 倍再减 2，如助跑用 8 步，则应走 8 步的 2 倍即 16 步，然后减 2，则是走 14 步；要求经反复练习才能实际确定。②从起跳点开始朝助跑的反方向跑（步数由自己定），然后再向横竿方向跑，看是否踏上起跳点，反复练习若干次就可以确定助跑步点了。俯卧式跳高一般用直线助跑，也有少数人采用弧线助跑。助跑的路线是斜对横竿，呈 45°左右，通常助跑步为 6 步或 8 步。俯卧式跳高是用靠近横竿的腿起跳，助跑的方向由学生的起跳腿而定。

俯卧式的助跑要求平稳、加速、轻快自如。助跑时起初几步平稳加速，最后几步（一般是指最后 4 步）身体重心稍降低，平稳地迅速前移，发挥出较大的水平速度。两脚用足跟先着地，然后滚动到全脚掌将支撑腿压紧，积极送髋前移，每一步的腾空时间都比较短，好像是跪着跑步一样。这种助跑技术有利于最后的发挥，有利于将水平速度转化为垂直起跳的速度，获得较好的起跳效果。

（2）起跳。由于助跑最后 4 步是采用重心较低的助跑姿势，到助跑最后一步时，摆动腿已经被压紧，膝关节弯曲较大，储备着较大的势能。起跳时，起跳腿以髋带动大腿向前迈出，小腿前伸以足跟先着地，滚动到全脚支撑，摆动腿像被拉紧的弓，以髋部带动大腿向前向上摆动，完成起跳动作的摆动；同时，起跳腿与摆动腿的动作相配合完成起跳腿的蹬伸动作，实现了俯卧式跳高的完整起跳动作。

（3）过竿与落地。腾空动作完成后，身体随着腾起后迅速向上升起。此时摆动腿前伸并内旋，整个身体俯卧在横竿之上。起跳腿顺起跳蹬伸的力量收起小腿与大腿靠拢，随之摆动腿继续前伸内旋，头与肩向下潜，同时起跳腿向外伸展使身体顺势离开横竿。俯卧式跳高的落地方式有两种：一种是以摆动腿与同侧手先着地；另一种是以身体的背部着地。无论采用哪种方式，都要注意缓冲动作，避免过大的身体震荡。采用先以背部着地的方式，最好是在海绵垫上做。在沙坑里落地最好采用摆动腿与同侧手同时先着地的方式。

（二）跳远运动

跳远的完整技术过程由助跑、起跳、空中动作和落地四个环节组成。它们相互联系为一体，正确完成跳远技术的各环节动作，以及实现各环节动作的有机结合是完善跳远技术的关键。

1. 助跑

跳远助跑的任务就是获得更快的水平速度，并为准确踏板和快而有力地起跳做准备。

（1）助跑距离。助跑距离的长短与跑的能力有关。能力强，助跑距离就较长，因为最高速度出现较晚。一般来说，30 米跑和 100 米跑的成绩可以作为确定学生助跑距离的指标。跳远的助跑距离并不是固定不变的，它可根据比赛时外界条件的变化及身体状态的不同而有所改变，还会随着学生自身能力的提高而变化。

（2）助跑方法。跳远优秀的学生助跑加速方式有两种。①平稳加速方式。平稳加速的特点是开始阶段步频较慢，然后在逐渐加大步长或保持步长的基础上提高步频，助跑最后几步保持步长，提高步频。平稳加速方式的加速时间较长，加速过程是逐渐、均匀而平稳地进行，跑的动作轻松、自然。②积极加速方式。积极加速助跑的特点是步频始终保持在较高水平，能够较早地摆脱静止状态并获得较高的助跑速度。积极加速的跑法是助跑开始几步的步长较短，步频较快，上体前倾度也较大。这种助跑方式适合于绝对速度比较快的学生。

（3）助跑的最后几步。跳远最后几步助跑是整个助跑技术的关键。在最后几步助跑时，既要保持和发挥最高速度，又要为起跳做好充分准备。在最后几步助跑中，优秀学生都具有各自的技术特点，主要表现为两种技术特征：一种是在步长相对稳定的情况下，加快步频，形成快速上板的技术特征；另一种是最后几步的步长相对缩短，步频明显加快，形成一种快速进入起跳的助跑技术节奏。前一种助跑技术有利于保持和发挥最高助跑速度，最后几步呈加速状态，使助跑和起跳的衔接更加紧密。

助跑最后几步的起跳准备阶段是非常重要的阶段，为了完成理想的起跳技术，此时，身体重心应适度下降，以便为起跳做充分准备。助跑最后第二步重心高度相对于最后第三步离地时下降约 7%，最后一步起跳脚着地时重心高度相对于最后第三步离地时则下降约 10%。

2. 起跳

起跳是从助跑最后一步摆动腿蹬地到起跳腿蹬离地面瞬间为止，起跳的任务是改变身体重心向前运动的方向，充分利用助跑所获得的速度，在较短的时间内，创造尽可能大的腾起初速度和适宜的腾起角（一般腾起角度为 18°～24°）。起跳技术按其动作过程的特征分为起跳腿的放脚着地、屈膝缓冲和起跳腿蹬伸三个阶段。

（1）起跳腿的放脚着地阶段。起跳腿的放脚着地的动作技术要领。①助跑最后一步，支撑的摆动腿积极后蹬时，起跳腿积极前摆，大腿抬得比短跑时稍低一些，然后快速有力地下压；起跳脚应积极、主动地着地。这既可以减少着地时的冲撞力，又为着地后快速前移身体做准备。②起跳脚着地时，足跟与足掌要几乎同时接触地面，着地瞬间，上体基本正直，小腿与地面夹角约为 65°，膝关节屈曲时的角为 175°。③放脚着地时要用全脚掌在身体正前面着地，以产生最大的垂直分力。如果用脚跟先着地，会导致制动和停顿；如果用前脚掌先着地，会导致起跳腿在着地冲击力的作用下失去稳定性并被冲击力压垮。④起跳时，在身体移向腾空的过程中，要不停地向上用力，直至蹬离地面。

（2）屈膝缓冲阶段。屈膝缓冲阶段是指起跳脚着板后，身体重心继续积极前移，由于助跑水平速度的作用，迫使起跳腿的髋、膝、踝这 3 个关节退让弯曲的这一阶段。缓冲的作用主要在于减缓起跳过程中前支撑时期所产生的制动力，减少助跑速度的损失，迅速改变身体重心的运动方向，保证身体重心继续积极前移，为快速有力的蹬伸创造有利条件。

在运动中要增强起跳效果，获得最大的腾起初速度，就要重视增强缓冲动作的效果。缓冲决定了蹬伸时学生的身体姿势、蹬伸效果、生理以及生物力学等条件，它是蹬伸的基础和前提。屈膝缓冲阶段的技术动作要领是：起跳时，膝关节的缓冲大小与提高蹬伸动作的幅度有密切的正相关关系。膝关节的弯曲度越大，起跳时间也就越长，这不利于完成爆发式的蹬伸动作，影响起跳的效果。要提高训练水平和完善起跳技术，起跳缓冲时，膝关节的弯曲度应趋于减小。

（3）起跳腿蹬伸阶段。由起跳腿膝关节最大弯曲时开始至起跳脚蹬离地面瞬间结束，这一阶段便是起跳腿蹬伸阶段。起跳腿蹬伸阶段是取得腾起速度的有效阶段，起跳腿蹬伸越快、越充分、越有力，则获得的腾起速度就越大，因而成绩也就会越好。

起跳腿蹬伸阶段的技术动作要领。①在蹬伸时，不只是强调起跳腿的蹬地动作，而是要整个身体向上伸展，并与摆腿、摆臂和提肩等动作协调配合。②当蹬伸动作结束时，学生的身体重心应位于较高的位置，起跳腿的髋、膝、踝 3 个关节充分伸展，上体和头部保持正直姿势，此时身体前倾或后仰都会产生回旋或加大制动；摆动腿大腿接近水平，小腿自然下垂，双臂前后摆动，蹬地的角度为70°～75°，并注意提肩、拔腰。③起跳时，不仅要强调起跳腿的快速有力蹬伸，还要注意摆动动作，以及起跳过程中蹬与摆的协调配合；起跳中的摆动动作对于减少着地时的制动力有重要作用，要加大动作幅度、提高起跳速度，这样才能够增强起跳效果。④摆动动作在起跳开始时，向前、稍向下的摆臂动作可缓和起跳脚着地时的冲击，减小缓冲期间的压力。⑤摆动腿和臂用力向上摆时，可增大起跳腿的肌紧张，增强肌肉用力的效果。⑥起跳动作接近完成时，臂、腿摆动“突停”，以产生制动，有助于将助跑获得的动量“传递”给身体重心，带动和提高身体重心，获得最大的腾起初速度。

3. 空中动作

空中动作技术的任务是保持身体在空间运动的平衡和为落地创造有利条件。身体腾空后，在没有外力的作用下，身体重心移动的抛物线轨迹是不会改变的，但可以改变身体各部分相对位置，利用补偿原理，使之保持身体平衡和为有效的落地创造条件。跳远起跳腾空后，常见空中动作有以下三种姿势。

（1）走步式。走步式跳远是在腾空阶段完成走步动作，难度比较大。当起跳动作完成后，身体呈现“腾空步”，处在身体前方的摆动腿应以髋为轴，用大腿带动小腿向下、向后方摆动，同时处在身体后方的起跳腿则以髋关节为轴，大腿向上抬摆，并且屈膝带动小腿前伸，完成两条腿在空中的交换动作。两臂也要配合两腿的换步进行绕环，起到维持身体平衡的作用。当完成空中换步之后，摆动腿仍需要从体后屈膝前摆，与处在体前的起跳腿并拢，再在空中走半步。

走步式整个过程是两腿在空中进行两步半的走步，这两步半是这样计算的：从腾空步开始，摆动腿下放是第一步；起跳腿从体后摆至体前，两腿在空中换步是第二步；最后摆动腿从后向前提拉与起跳腿靠拢是半步，合起来是在空中走了两步半。要在空中完成如此复杂的动作，就需要有较强的协调能力和维持身体平衡的能力，两腿的空中换步必须有两臂的相向运动配合，因此，两臂在空中大幅度地绕环与两腿相配合是十分重要的。

（2）蹲踞式。蹲踞式跳远动作非常简单、自然，特别适合初学者。蹲踞式跳远时，在空中保持腾空步的时间较长，摆动腿大腿抬得较高，膝关节的曲度大，两大腿之间的夹角也较大，同时两臂向前挥摆。腾空步后，起跳腿逐渐向摆动腿靠拢，然后两腿一起上举，使膝接近胸部，形成空中蹲踞的姿势。由于屈腿和上体前倾，下肢靠近身体重心，旋转半径较短，容易产生前旋。因而要注意上体与头保持正直的姿势，以维持身体的平衡。落地前，大腿上抬，接着小腿前伸，同时两臂向前，使腿、臂动作协调一致，两臂下落，经体侧摆到体后。

（3）挺身式。挺身式跳远的空中姿势比较舒展。当起跳呈腾空步之后，处在体前的摆动腿伸展弯曲的膝关节，摆动腿小腿随之向前、向下、向后呈弧形划动，两臂也随之向下、向后再向前大幅度地划动；与此同时，处在身体后面的起跳腿与正在向后划动的摆动腿靠拢、挺身、展髋、头稍后仰，充分拉开躯干前面的肌肉，整个身体展开呈充分的挺身姿势。当身体即将落地时，两臂向后摆动，躯干前倾，两腿迅速收腹举腿，小腿尽量向前伸出，用足跟落地。这种挺身式的空中技术能使身体充分伸展。由于躯干前面肌肉充分拉开，为落地前的收腹举腿和小腿的充分前伸做了很好的准备，为取得较好的成绩创造了条件。挺身式跳远空中动作的难度在于维持身体平衡，要经常训练身体的协调和维持平衡的能力。

4. 落地

落地时要选择合理的落地技术，充分利用身体重心腾起的远度，创造尽可能远的跳跃距离，防止伤害事故的发生。落地的方法有以下两种。

（1）滑坐式。滑坐式落地法是指在腾空最高点就开始做折叠动作，到最后把腿及骨盆前移，上体稍后仰，落地时好像坐着的落地方法。运用滑坐式落地时，在空中及早做折叠动作，并不影响和改变腾空路线。

（2）折叠式。折叠式落地法是指学生在腾空阶段经过最高点后，开始将两腿向上、向前伸出，上体向下折叠，两臂从上面向前并在落地前向后快摆的落地方法。

第三节　青少年体育教育中的运动技能

一、青少年体育教育中的足球运动

足球运动是以脚支配球为主体，在踢、运、停、顶、守门等基本技术的基础上两队互相攻、对抗，以射门为目标，以射入球多少判定胜负的球类运动。足球运动的激烈对抗性有利于培养学生的顽强拼搏精神、团队精神和意志品质，全面改善和发展学生的身体素质。

（一）足球运动技术要点

1. 控球技术要点

控球是持球队员以脚的各个部位，通过拖、拨、扣、颠、推、挑等动作，将球置于自身控制范围之内的技术。

（1）拖球。拖球是脚底触球的上部，将球由前向后或由左（右）向右（左）进行拖拉的动作。当拖球到位后，一般均以脚内侧做挡球动作，然后进入下一个动作。

（2）拨球。拨球是持球队员用脚腕抖拨的动作，以脚背内侧或脚背外侧触球，使球向侧方或侧后（前）方滚动。拨球根据脚触球部位的不同分为“内拨”和“外拨”两种，运用脚背内侧拨球称为“内拨”，运用脚背外侧拨球称为“外拨”。拨球技术通常是与对手相持时，当对方伸脚抢截球的一刹那，以拨球技术避开抢截从对方一侧越过。

（3）扣球。扣球是持球队员快速转身变向，用踝关节急转压扣的动作，以脚背内侧或脚背外侧触球，将球迅速停住或转变球滚动的方向。用脚背内侧扣球的动作称为“内扣”，用脚背外侧扣球的动作称为“外扣”。扣球动作改变方向后，用推拨动作突然加速越过对手。

（4）颠球。颠球是持球队员用身体各有效部位连续击球，并尽量不使球落地的技术动作。经常练习，能有效地促进人体对球的各种特性（弹性、重量、旋转等）的熟练掌握程度，同时加深练习者对触球部位、击球力量的感觉，颠球的部位包括脚背、脚内侧、脚外侧、大腿、头部、胸部、肩等。

控球技术练法点拨：控球技术主要采用重复练习法。

控球技术实际练习：学生可以采用一人一球、两人一球的练习形式，在规定的时间内，将拖、拨、扣、颠等控球技术重复练习一定的次数和组数。

2. 踢球技术要点

踢球是有目的地把球传给同伴或射门，它是完成战术配合的主要手段，同时也是足球基本技术中的主要技术。踢球的方法有很多种，包括脚内侧踢球、脚背正面踢球、脚背内侧踢球等，无论采用何种踢球的方法，其动作过程都是由助跑、支撑、摆腿、击球和跟随动作五个环节组成。

（1）脚内侧踢球。

①直线助跑，最后一步步幅稍大，支撑脚踏在球侧 12～15 厘米处，膝关节微屈，脚尖正对出球方向。

②踢球脚屈膝外展，脚底与地面平行，脚尖微上翘。

③小腿加速前摆，用脚内侧部位击球的中后部，用推送或敲击的踢法将球击出。

（2）脚背正面踢球。

①直线助跑，最后一步步幅稍大，支撑脚积极着地，踏于球侧 10～12 厘米处，膝关节微屈，脚尖正对出球方向。

②踢球腿以髋关节为轴，大腿带动小腿由后向前摆动击球一刹那，脚面绷紧，脚背绷直。

③小腿加速前摆，以脚背正面部位击球的后中部。

④击球后，身体及踢球腿随球前移。

（3）脚背内侧踢球。

①斜线助跑，与出球方向约为 45°角，最后一步略大，支撑脚外沿积极着

地，踏于球的侧后方20～25厘米处，膝关节微屈，脚尖指向出球方向。

②身体稍向支撑方一侧倾斜，踢球腿以髋关节为轴，大腿带动小腿向前摆，大腿摆至与支撑腿接近同一平面时，小腿加速做鞭打动作。

③踢球腿击球时，脚尖稍外转指向地面，脚趾紧扣，脚背绷直，脚跟提起。

④以大腿带动小腿加速前摆，根据传球的目的，击球的后中部或中下部，传出的球会出现高、中、低不同的效果，击球后继续随球前移。

踢球技术练法点拨：①传球不准确，应调整支撑脚的站位；②传球力量不够，应加快小腿摆动速度；③传球落点不准确，应注意整体动作的协调性和脚形的准确性。

踢球技术实际练习：①两人一组，一人用脚底踩住球，另一人采用一步或三步助跑做各种踢球动作的模仿练习；②对墙踢球练习；③两人一组，相距一定的距离，互相踢球练习；④踢准练习。

3. 运球技术要点

运球技术是指持球队员在跑动过程中有目的地用脚的某一部位推拨球，使球保持在自己控制范围内的连续触球动作。运球技术包括运球和运球突破，常用的运球方法有脚背正面运球、脚背内侧运球、脚背外侧运球等。

（1）脚背正面运球。

①持球队员运球跑动时身体自然放松，上体稍前倾，步幅稍小，两臂屈肘自然摆动。

②在运球脚提起时，膝关节微屈，脚跟提起，脚背绷紧，脚尖向下。

③在迈步前伸着地前，用脚背正面推拨球前进。

（2）脚背内侧运球。

①持球队员身体自然放松，上体前倾并向运球方向转动，步幅小，双臂自然摆动。

②运球时膝关节稍弯曲，脚跟提起。

③脚尖稍向外转，在迈步前伸着地前，用脚背内侧推拨球前进。

（3）脚背外侧运球。

①持球队员身体自然放松，上体稍前倾，双臂自然摆动，步幅中小。

②运球时膝关节弯曲，提脚跟。

③脚尖内扣，用脚背外侧推拨球的后中部。

运球技术练法点拨：①运球和运球突破技术一般采用重复练习方法，可采用无对抗练习、消极对抗练习、积极对抗练习及小组比赛练习等形式，练习要求可根据练习者的水平进行调整；②运球时步幅要小，身体重心应紧跟球移动；③运球时要随时注意抬头观察情况。

运球技术实际练习：①走与慢跑中，先单脚后双脚，先直线后曲线；②在人丛中或5米内间距的绕杆运球；③运球过人练习或变换运球速度的练习；④控好球并结合假动作练习；⑤离场队员观看其他运球队员练习。

4. 接球技术要点

接球是队员有意识、有目的地利用身体的合理部位，把运行中的来球停挡在自身控制范围之内的技术。一般常用的接球方法有脚内侧接球、脚底接球、胸部接球、大腿接球等，不管采用何种接球方法，都应包括判断球速、落点、接球及接球后控球四个过程。

（1）脚内侧接球。脚内侧接球包括接地滚球、接反弹球和接空中球三种技术。

①接地滚球的动作要点。

第一，支撑脚正对来球，膝关节微屈。

第二，接球脚屈膝外转，脚尖稍翘起主动前迎来球。

第三，球接触脚内侧一刹那，接球脚后撤缓冲，把球控制在便于衔接下一个动作的位置。

②接反弹球的动作要点。

第一，支撑脚踏在球的落点侧前方，屈膝上体稍前倾。

第二，接球脚放松提起，用脚内侧对准球的反弹角度。

第三，当球反弹刚离地时，用脚内侧部位推压球的中上部。

③接空中球的动作要点。

第一，根据来球的高度，接球脚举起前迎，对准来球路线。

第二，当球与脚内侧接触瞬间，后撤缓冲。

第三，把球控制在有利于衔接下一个动作的位置。

（2）脚底接球。脚底接球包括接地滚球和接反弹球两种技术。

①接地滚球的动作要点。

第一，支撑脚踏于球的侧后方，屈膝脚尖正对来球。

第二，接球脚提起，自然屈膝，脚尖上翘高于脚跟，踝关节放松。

第三，用脚掌前部触球的中上部。

②接反弹球的动作要点。

第一，支撑脚踏在球落点的侧后方，对准来球反弹角。

第二，当球着地瞬间，用脚掌前部对准球的反弹路线，推压球的中上部。

（3）胸部接球。胸部接球是利用胸部接球的一种技术动作，其特点是接触面积大，有利于争取接球时间，易于掌握。胸部接球分挺胸式和收胸式两种方法。

①挺胸式接球的动作要点。

第一，面对来球，双臂自然张开，两脚分开微屈膝，重心落于两脚之间。

第二，当胸部与球接触前瞬间，两脚蹬地，胸部稍上挺，收腹，上体后仰缓冲来球力量。

第三，以胸部触击球后，使球落于自己能控制的范围内。

②收胸式接球的动作要点。

第一，面对来球，两脚开立，双臂自然张开，挺胸迎球。

第二，当球与胸部接触前瞬间，收胸、收腹，同时臂部后移，使来球缓冲。

第三，以胸部接球后，使球落于自己能控制的范围内。

(4) 大腿接球。

①大腿与球接触的刹那，大腿迅速后撤缓冲。

②以大腿中部接触下落的球，使球落于有助于衔接下一个动作的位置。

接球技术练法点拨：①接球练习形式繁多，一般采用重复练习方法；②练习时，要从实战与战术配合出发；③2～4 人为一练习组较为合适；④教师应根据学生的基础，安排切实可行的练习内容与方法。

接球技术实际练习：①利用足球墙进行各种接球技术练习；②将球踢高，完成各种接反弹球的练习（用手抛高球亦可）；③两人一组，相隔一定的距离，练习踢、接球动作；④多人三角传、接球练习。

5. 头顶球技术要点

头顶球是指队员有意识、有目的地用前额正面或侧面将球击向预定目标的动作。足球比赛中，头顶球是传球、射门和抢截的有效手段之一，常用的有原地、起跳、跑动、鱼跃等方式顶球。头顶球作为争取时间、争夺空间的有效手段，在比赛中被广泛使用。

(1) 原地前额正面头顶球。

①身体正对，两眼注视来球，两脚前后开立，微屈膝，上体后仰展腹，重心落于后脚，双臂自然张开。

②球运行至身体垂直上方时，后脚用力蹬地，收腹，快速向前屈体，重心由后脚移向前脚。

③击球时，颈部肌肉紧张，用前额正面顶球的后中部，上体随球前摆。

(2) 起跳前额正面头顶球。

①原地起跳时，双脚用力蹬地，两臂屈上摆自然张开，身体在上升中，上体后仰展腹呈反弓形，注视来球。

②球运行至身体垂直上方时，收腹，上体快速前摆，颈部紧张。

③用前额正面把球顶出，随后屈膝缓冲落地。

头顶球技术练法点拨：①练习应运用自抛自顶的重复练习法，也可以借助墙、同伴抛来或传来的球，并要求有目标、有意识地提高头顶球技术和顶球的准确性；②顶球时不能闭眼、缩颈，要主动迎球，颈部保持紧张；③准确判断起跳时间和来球速度与落点。

头顶球技术实际练习：①各种头顶球技术的模仿练习；②两人一组，一人抛球，另一人做头顶球练习，交替进行；③自抛自顶或两人对顶。

6. 抢截球技术要点

抢截球是转守为攻的积极手段，是防守技术的综合体现。抢截球包括抢球和截球两部分内容：抢球是指在足球规则允许的条件和动作范围内，把对手控制的或将要控制的球抢夺过来或破坏掉；截球是指将对手相互间传出的球堵截或破坏掉。

（1）正面跨步抢截球。

①两脚前后开立，膝微屈，身体重心下降并落于两脚间。

②当对手脚触球后，脚即将落地或刚落地瞬间，抢球者后脚用力蹬地，抢球脚以脚内侧堵截球，当球被堵时，另一脚快速跟上。

③如双方同时触球，则抢球脚顺势向上提拉，使球从对手脚背滚过，同时身体重心迅速跟上，控制球。

（2）侧面合理冲撞抢球。

①当防守队员与对手并肩跑动追球时，身体重心下降。

②用靠近对手方一侧的手臂，以肩部以下、肘以上的部分贴紧自己身体去冲撞对手相同部位。

③使对手失去平衡而失去球的控制，趁机把球夺下。

抢截球技术练法点拨：①最好是在对抗的条件下，并结合简易的攻防战术，效果较能体现，在练习过程中，若能结合游戏则有利于提高学生的练习兴趣；②抢截球时机要准确、合理；③抢球时动作要迅速、果断。

抢截球技术实际练习：①无球情况下做抢截球各种技术的模仿练习；②两人一球，一人运球，另一人完成抢截球练习，交替进行；③两人相对站立，中间放一球，听信号后做抢球练习。

7. 掷界外球技术要点

掷界外球是指在比赛中球越出边线，按足球竞赛规则规定用手将球掷入场内，恢复比赛的一项技术。掷界外球有原地掷界外球和助跑掷界外球两种方法。

（1）原地掷界外球。

①面向比赛场地，双手持球于头后。

②从头后经头顶用连贯的动作把球掷入场内。

③球掷出后，双脚均不得全部离地和踏进场内。

（2）助跑掷界外球。

①助跑时双手持球于胸前，助跑距离不宜太长。

②掷球的动作与原地掷界外球相同。

掷界外球技术练法点拨：①单人对墙进行掷球练习，也可采用两人对掷界外球练习，或一人掷球，另一人做接球练习，两人轮流练习的形式；②足球规则规定，掷界外球时脚不能离地、进场或远离规定的掷球点。

掷界外球技术实际练习：①两人一球互掷，距离可由近至远；②需要增加掷球远度，可用实心球代替。

8. 足球守门员技术要点

（1）接球技能培养。接球是守门员最主要的技术，包括接地滚球、接平空球和接高空球。

①接地滚球。

第一，直腿式。两腿自然并立，脚尖正对来球，上体前屈，两臂并肘前迎，两手小指靠近，手掌对球，手触球的刹那随球后引屈肘、屈腕，两臂靠近将球抱于胸前。

第二，跪撑式。跪撑式多用于向侧移步接球，接左侧球时，左腿屈，右腿跪撑于左脚附近，距离不得超过球的直径，其余动作与直腿式接球相同；接右侧球时，动作相同，方向相反。

②接平空球。平空球是指膝以上、胸以下的空中球。接球时面对来球，两手掌心向上，两手小指相靠，前迎接球，上体前屈，当手触球时两臂向后撤引缓冲，将球抱于胸前。

③接高空球。面对高空来球，两臂上伸，两手拇指相对呈八字形，其余四指微屈，手掌对球。在最高点手触球瞬间，手指、手腕适当用力，缓冲来球并将球接住，顺势转腕屈肘、下引将球抱于胸前。

（2）击托球技能培养。守门员在与一个或多个对手争抢空间或自己身体失去平衡时，可采用拳击球技术。

①拳击球。准确判断来球运行路线，及时移动到位，握紧拳，在接近球的刹那迅速出拳击球。拳击球有单、双拳击球，单拳击球动作灵活，摆动幅度大，击球力量大；双拳击球接触球面积大，准确性高。

②托球。判断来球运行路线后，向后跃起托球。托球时手指微张，手掌向外翻转，用手掌前部触球的下部，使球改变运行轨迹，呈弧线越过球门横梁。

（3）扑接球技能培养。

①扑侧面球。异侧脚用力蹬地，双手快速向侧伸出，一手置于球后，另一侧手置于球的侧后上方；同时身体向同侧脚方向倒地，落地时以小腿、大腿、臀、肘外侧依次着地，落地后抱球团身。

②扑平空球。近侧脚用力蹬地使身体跃起，身体在空中伸展，手用力抓住球，接球后以球、肘、肩、上体、臀、腿外侧依次着地，并迅速团身。

（4）发球技能培养。

①手掷球。

第一，单手肩上掷球。两脚前后开立，两膝弯曲，单手持球，屈臂于肩上，掷球时，持球手臂后引，同时身体随之侧转，重心移到后脚上，后脚向后蹬地，用转体和挥臂、甩腕的力量将球掷向预定的目标。

第二，侧身勾手掷球。两脚前后开立，身体侧对出球方向，单手持球后引，臂微屈，同时重心移到后脚上。掷球时，后脚用力向后蹬地，同时转体，重心由后脚移向前脚。当持球手臂由后经体侧沿弧线摆至肩上时，手指和手腕用力将球掷向预定的目标。

②脚踢球。

第一，踢空中球。将球置于体前，在球自由下落过程中踢球，多用于远距离或雨天场地泥泞时。

第二，踢反弹球。体前抛球，在球落地后反弹起来的瞬间将球踢出，这一技术动作比踢空中球准确性要高，速度较快，出球弧度低，隐蔽性强。这两种踢球的动作与脚背正面踢球基本相同，但由于要求踢得远，所以守门员都是向前上方踢。

（二）足球运动战术要点

1. 足球进攻战术训练

（1）足球个人进攻战术训练。个人进攻战术是队员在比赛中，为了战胜对手，完成整体进攻任务而采取的个人行动，包括摆脱、跑位、传球和射门等。

①摆脱与跑位。每当队员得球，都要发动进攻，同队队员要迅速摆脱对手，造成空当，给有球同伴创造多条传球路线，以更好地进攻。摆脱对手紧逼，可采用突然启动、冲刺跑、急停、突然变向、变速和假动作等。跑位就是有目的地跑向有利位置或空当；跑位能使自己在短时间内摆脱对手接球，推进进攻。

②传球。传球是配合的基础，是完成战术配合创造射门机会的主要手段。选择目标、把握时机、控制力量与方向是传好球的重要环节。

③射门。射门是一切战术配合的最终目的，准确、有力地射门，往往使守门员猝不及防而失球。

（2）足球局部进攻战术训练。局部进攻战术是指进攻中两队或几个队员之间的配合方法，它是集体配合的基础，其配合形式有“二过一”配合、传切配合、三人配合等。局部进攻战术通常以“二过一”配合为基础，“二过一”配合是在局部地区两个进攻队员通过两次以上的连续传球配合，越过一个防守队员的配合行动。“二过一”配合包括“斜传直插二过一”“直传斜插二过一”“回传反切二过一”“踢墙式二过一”“交叉掩护二过一”等。

(3) 足球整体进攻战术训练。

①阵地进攻中的边路传中。边路传中是指在对方半场两侧地区发动的进攻，通过传中来创造射门机会，此方法是针对对方边路防守人数较少、空间较大的缺点，突破防线，然后传中，由中路或异侧的同伴包抄完成射门。

②阵地进攻中的中路渗透。中路渗透一般有后场发动进攻、中路发动进攻、前场发动进攻三种形式。

③阵地进攻中的中路转移。中路转移是针对在比赛中，中路聚集着双方较多的队员，中路渗透不能奏效的情况，将球从中路转移到边路以分散对方防守力量，然后再从边路突破或者传中的一种进攻战术。

④快攻。快攻是非常有效的一种进攻战术，主要特点是在守转攻时对方的防守还不是很到位的时候，通过最简单的快速传递配合来创造射门机会。

2. 足球防守战术训练

(1) 足球基础防守战术训练。

①选位和盯人。选位和盯人是防守战术中的基础，防守队员站位时一般应处于对手与本方球门中心所构成的一条直线上。一般情况下，对对方有球队员以及可能接球的队员要紧逼；对离球远的对手可采用松动盯人。

②局部防守配合。保护和补位是局部地区集体防守的基础，队员之间应保持适当的斜线站位。当一侧被突破时，另一人应立即补位，被补位队员要迅速回到补位队员的位置。

(2) 足球全队防守战术训练。

①人盯人防守。除拖后中卫外，每个队员都要盯住一个指定对手，原则上对手跑到哪里就盯到哪里，拖后中卫进行区域防守，执行补位的任务。

②区域盯人防守。每个队员在自己防守的区域内进行盯人防守，无论哪个对手，只要进入自己的防区就盯住他，一般不越区盯人，拖后中卫执行补位的任务。

③混合防守。混合防守是现代足球用得较多的一种防守方法，就是把人盯人防守和区域盯人防守结合起来。一般拖后中卫执行补位，另外三个后卫盯人，前卫和前锋区域盯人。“全攻全守”的踢法在防守时，每个队员都有防守任务。

(三) 足球运动比赛组织管理

1. 足球比赛的场地

足球场地长 100～110 米，宽 64～75 米，由边线、端线、球门线、中线、球门区、罚球区、罚球点、中点、中圈、罚球弧等区界构成。场地各界线的宽度不得超过 12 厘米。球门宽 7.32 米，高 2.44 米，角旗高 1.50 米。

球门线是判断进球的标志线，罚点球时，守门员在球踢出前，必须两脚站在球门线上，不得移动。

中线指平分球场的横线，开球时，双方球员站在本方半场内，当球踢出越过中线进入对方半场时，比赛视为开始。

球门区是指靠近球门的小长方形区域，当守门员在该区域内手中无球或在空中持球时，对方队员不得对他进行冲撞；发球门球时，守门员将球放在球出界一侧的球门区内。

罚球区指球门前的大长方形区域，在该区内，守方的守门员可用手触球；罚点球时，除守门员和罚球队员外，其他队员须退出罚球区和罚球弧外；踢球门球或守方罚任意球时，球必须踢出该区，比赛方为开始，在此之前，对方队员必须退出该区，并距球至少 9.15 米远。

2. 足球比赛的方法

（1）比赛时间。全场比赛时间为 90 分钟，分为上下半时，各 45 分钟，中间休息时间不得超过 15 分钟。因故损失的时间，应在该半时补足，具体时间由裁判员决定。在淘汰赛中，两队比赛成平局时，则通过加时赛或互踢点球方式决出胜负。

（2）队员人数。比赛时，每队上场队员 11 人，其中一人为守门员。国际正式比赛每队最多可替换 3 名队员；任何其他队员都可与守门员互换位置，但须事先通知裁判员，待死球时进行；被替换下场的队员不得重新上场比赛。

（3）比赛开始方式。比赛开始前应用掷币方式选定场地，裁判员发出信号后由开球队一名队员将球踢入对方半场；下半场双方交换场地进行，并由上半场开球队的对方一名队员开球。

3. 足球比赛的规则

（1）足球越位。当进攻队员比球更接近对方球门线，即处于越位位置。

①越位判罚。在同队队员传球的一刹那，越位队员正在干扰比赛或干扰对方或正企图从越位位置获得利益，则判罚越位，应由对方队员在越位地点罚间接任意球。

②越位而不判罚。当队员仅处于越位位置或队员直接接球门球、角球、界外球时不应判罚为越位。

（2）犯规和不正当行为。

直接任意球。队员故意违反下列任何一项规定，应由对方队员在犯规地点踢直接任意球：①踢或企图踢对方队员；②绊、摔对方队员；③跳向对方队员；④冲撞对方守门员；⑤打或企图打对方队员；⑥推对方队员；⑦铲球时，触球前触到对方队员；⑧拉扯对方队员或向对方队员吐唾沫；⑨故意手球或用手臂部携带、击打或推击球（除守门员在本方罚球区内）。防守队员在本方罚球区内违反上述情况中的任何一种时，应判罚点球。

间接任意球。队员故意违反下列任何一项规定，应由对方在犯规地点踢间接任意球：①队员有危险动作；②不合理冲撞、阻挡；③守门员接回传球；④有意延误比赛时间。

黄牌警告。①比赛开始后，队员擅自进出场地；②队员持续违反规则；③用言语或行动对裁判员的判罚表示不满，延误比赛时间，故意离开比赛场地，以及有不正当行为的，裁判员应给予黄牌警告，并判由对方在犯规地点踢任意球。

红牌罚出场。有恶劣行为或严重犯规、暴力行为、用污言秽语辱骂对方队员，经黄牌警告后，又出现第二次可警告的犯规，以上情况应红牌罚出场，并由对方在犯规地点踢任意球。

（3）掷界外球。掷球时，队员必须面向球场，两脚均应有一部分站在边线上或边线外，不得全部离地，用双手将球从头后经头顶掷入场内，所掷界外球不能直接掷入球门。

（4）角球。当球被防守队员踢出本方端线时，由对方踢角球。踢角球时，不得移动旗杆，必须将球放在角球区内执行，踢角球可以直接射门得分。

4. 足球比赛的阵形

比赛阵形是比赛场上队员的位置排列、攻守力量搭配和职责分工的形式。阵形人数排列一般是从后卫排向前锋，根据队员排列层次分成后卫线、前卫线、前锋线；守门员职责固定，一般不予计算。常见的比赛阵形有“4-3-3”“4-4-2”“3-5-2”“4-5-1”等。

（1）“4-3-3”阵形把三个前锋放在前锋线上，中场也设立了三名球员，这种阵形不但加强了防守能力，还使进攻的方式变得更加灵活。一般来说，此阵形中的后卫可分为两个中后卫、两个边后卫，使得防守更加有层次，更加有立体性。前卫可分为一前二后或二前一后，不管哪种安排，中场都必须起到攻守的枢纽作用；边前卫主要负责加强进攻，中前卫主要负责组织进攻和参与防守。前锋也可分为中锋和边锋两种：边锋主要通过运球突破对方防守、射门或传中，同时要负起门前抢点射门的任务；中锋是锋线的尖刀，主要职责是突破、抢点和射门。

（2）“4-4-2”阵形和“4-3-3”阵形最大的区别就是把1名前锋队员放到了中场，加强了防守的能力。后防的位置和任务基本和“4-3-3”一样。中场有4名队员，有利于防守，同时也有利于夺取中场的优势和主动权。对前锋的要求是突破能力强，善于把握破门的机会。整个队伍的分布虽然是攻少守多，但是可以通过合理有序的组织，保证比赛中攻守力量的平衡。

(3)“3-5-2”阵形最明显的特点是中场人数多，力量强大，有利于控制中场主动权，可以有效地阻止对方的进攻，减轻后场的防守压力；后卫线的3名队员大胆地紧逼盯人，相互保护补位；中场队员插上进攻的点多，而且隐蔽性较强。

(4)“4-5-1”阵形是一个相对侧重于防守的阵形。后卫线的4名队员主要用于防守，并协助控制中场和组织进攻；中场人数多，力量大，能够很好地控制中场的主动权，减轻后场的防守压力；前锋线上只有1名队员，进攻的力量相对薄弱，不过如果实施的是防守反击战术，那么这种阵形也有它的优势。

二、青少年体育教育中的健美运动

健美运动是一项通过徒手和各种器械，运用专门的动作方式和方法进行锻炼，以发展肌肉、增强体力、改善形体和陶冶情操为目的的运动项目。它是举重运动的一个分支，也是一个独立的竞赛项目。

健美运动可以采用各种徒手练习方式，如各种徒手健美操、韵律操、形体操以及各种自抗力动作；也可采用各式各样轻重不同的运动器械来进行练习，如杠铃、哑铃、壶铃等举重器械，单杠、双杠等体操器械，以及弹簧拉力器、滑轮拉力器、橡筋带和各种特制的综合力量练习器等。

健美运动的动作方式多种多样，既有成套的动作组合练习，又有发展身体各个部位肌肉的单个动作练习。

（一）肩部肌群动作

(1) 前平举。重点锻炼部位是三角肌前束。两脚开立，与肩同宽，挺胸收腹，两手正握哑铃或杠铃，两臂下垂于腿前。吸气，直臂持铃向上举起，至稍高于肩，稍停；呼气，直臂徐徐放下还原至腿前。上举和下落时全身保持直立，两臂保持直伸。

(2) 侧平举。重点锻炼部位是三角肌中束。两脚开立，与肩同宽，两手握哑铃，下垂于身体两侧。吸气，直臂向侧上方举起，至略高于肩，稍停；呼气，两臂徐徐放下到下垂位置。上举和下落时全身保持直立，不要摇摆弯曲，臂部保持直伸。

(3) 俯立侧平举。重点锻炼部位是三角肌后束和上背肌群。两脚开立，比肩稍宽，向前屈体90°，两手握哑铃，两臂直垂肩下。吸气，直臂从两侧平举起哑铃，直到与地面平行，稍停；呼气，两臂徐徐放下还原。练习过程中，上体不能上下摆，并保持腰背平直。

（二）臂部肌群动作

(1) 站立反握弯举。重点锻炼部位是肱二头肌和屈肘肌群。两脚开立，与肩同宽，两手仰握杠铃，两臂下垂。吸气，屈肘，弯起前臂到可能的最高点，同时收缩肱二头肌，稍停；呼气，松展肘关节，让前臂徐徐下落到两臂完全伸直。练习时，上臂要紧贴体侧，不能前后移动，身体也不能前后晃动。

(2) 颈后臂屈伸。重点锻炼部位是肱三头肌和伸肘肌群。身体直立，两手正握或反握杠铃，手臂上举伸直。上臂固定动作，慢慢屈肘，使器械下降至头后，稍停；然后上臂不动，伸肘，臂上举还原。练习时，肘要高抬，两肘夹紧，不要前后移动。

（三）胸部肌群动作

(1) 仰卧推举。重点锻炼部位是胸大肌、三角肌前束和肱三头肌。仰卧在卧推凳上，两手屈臂握杠铃置于胸部上方。吸气，将杠铃垂直上举至两臂完全伸直，稍停；呼气，慢慢下落还原。上举时背部、臀部要平贴凳面，两脚用劲下踏。

(2) 仰卧飞鸟。重点锻炼部位是胸大肌外侧翼的中、下部肌肉群。仰卧在卧推凳上，两手拳心相对持哑铃，两臂向上直伸与地面垂直，两脚平踏地面。吸气，两手向两侧分开下落，两肘微屈，直到不能更低时止，稍停；然后呼气，两臂从两侧向上回合到开始位置。两手不要紧握，分臂时背部肌肉要收紧。

（四）背部肌群动作

(1) 俯卧侧起。重点锻炼部位是背部两侧肌群。俯卧在垫子（或凳子）上，固定双腿，两手可抱头后，也可在头后负重。上体尽量向上抬起，同时向两侧转体，还原。左、右交替练习。

(2) 俯身划船。重点锻炼部位是背阔肌。屈膝，上体前倾，两臂直垂握杠，使杠铃稍离地面，头不要低垂。吸气，将上臂上拉，把杠铃尽量拉高，稍停；呼气，让杠铃徐徐下降到两臂完全伸直下垂。上拉时腰要收紧，上体尽量不摇动。如做单臂划船，另一手可撑扶在膝上或凳子上。

（五）腰腹部肌群动作

(1) 仰卧起坐。重点锻炼部位是腹直肌和髂腰肌。仰卧在垫上（或凳子和斜板上），固定两足，两手在头后交叉抱头。吸气，上体收腹坐起并尽量向前屈；呼气，再慢慢倒体还原。

(2) 仰卧转体起坐。重点锻炼部位是腹直肌和腹内外斜肌。仰卧，两手抱头，两足固定。上体屈起，同时身体左转或右转至肘部触及异侧腿；然后再还原。

（六）腿部肌群动作

(1) 负重深蹲。重点锻炼部位是股四头肌和臀大肌。两脚开立，与肩同宽，两手宽握杠铃放于颈后肩上。呼气，慢慢下蹲至两膝完全弯曲，或至大腿与地面平行，稍停；吸气，用大腿股四头肌和臀大肌收缩的力量，使身体起立还原。下蹲时要挺胸收腹，收紧腰。

（2）负重提踵。重点锻炼部位是腓肠肌和比目鱼肌。两手宽握杠铃放于颈后肩上，前脚掌站在垫木（或砖头）上，脚跟露在垫木外。吸气，小腿腓肠肌用力上收，提踵稍停；呼气，放下脚跟还原。脚跟上提和下降时要注意保持重心稳定。下降时，要让脚跟低于垫木面。

三、青少年体育教育中的游泳运动

（一）游泳运动技能

1. 基本技能

游泳是水上运动项目之一，它是一项人体在特定的水环境中进行的运动。它凭借人的头部、躯干和四肢的运动使人体在水中游进。游泳主要包括竞技游泳、花样游泳和实用游泳。各种游泳又有多种不同的泳式和技术要求。经常进行游泳锻炼，可增大呼吸肌的力量，扩大胸部活动幅度，增大肺的容量，提高呼吸系统的机能。同时，游泳还能使神经呼吸和血液循环等系统的机能得到改善，提高肌肉力量、速度、耐力、弹性和全身关节灵活性，有效地增进健康，预防疾病，提高身体素质，使身体得到协调发展。

（1）水中行走练习。

①动作要领。做各种方向的行走或跑的练习，可用两手拨水维持平衡或加快走、跑、跳、转身、跃起、下沉等的速度。

②常见错误动作与纠正方法，见表 5－1。

表 5－1　常见错误动作与纠正方法

常见错误动作	纠正方法
不敢下水，怕水	鼓励，消除怕水心理
腿不敢向前移动，怕失去身体平衡	开始行走时速度慢些，脚站稳后再迈步
摔倒走动时，掌握不了身体平衡	向前移动时，腿向后蹬和向前抬腿时都要用力；身体稍前倾，重心落在两脚之间，两手在体侧维持平衡

（2）呼吸练习。

①动作要领。游泳主要用口吸气，呼气用鼻或口鼻一齐呼。练习主要是单人、扶边或在同伴帮助下进行，用口吸气后闭气，慢慢下蹲把头全部浸入水中，停留片刻后起立换气。

②常见错误动作与纠正方法，见表 5－2。

表 5-2 常见错误动作与纠正方法

常见错误动作	纠正方法
用鼻吸气动作概念不清，或受习惯动作影响	练习时可用手捏鼻（或用鼻夹），强迫练习者用口吸气
水下呼气动作概念不清，或怕水心理影响	练习时要用力呼气，要连续冒出气泡

（3）浮体与站立练习。

①动作要领。要求练习时要深吸气，在水中闭气的时间应尽可能长。站立时，两臂前伸向下按压水并抬头，以脚触池底站立。练习方法主要有抱膝浮体练习和展体浮体练习。

②常见错误动作与纠正方法，见表 5-3。

表 5-3 常见错误动作与纠正方法

常见错误动作	纠正方法
浮不起来紧张，未深吸气	反复练习用口深吸气的动作和闭气动作；理清其中的道理，不要紧张
站立时向前倒动作概念不清，两臂没有前伸和向下压水抬头动作	练习时要求两臂向前伸直，双脚触池底站立；站立后，两手可在体前、体侧拨水，以帮助身体站稳

（4）滑行练习。

①动作要领。蹬池壁或蹬池底并使身体呈流线型动作。要求滑行时臂和腿要并拢伸直，头夹于两臂之间，身体呈流线型。同时要教会蹬池壁或蹬池底的动作。练习方法主要有蹬池底滑行练习和蹬边滑行练习。

②常见错误动作与纠正方法，见表 5-4。

表 5-4 常见错误动作与纠正方法

常见错误动作	纠正方法
蹬壁无力，蹬壁前身体离池壁太远	蹬壁前，臀部尽量靠近池壁，大小腿尽量收紧，用力蹬壁
滑行时抬头塌腰动作概念不清	蹬出滑行时要求低头夹于两臂之间，身体呈流线型滑行

（5）踩水练习。

①动作要领。重点掌握手、脚对水面动作，手和腿合理协调动作。要求身体前倾，肌肉放松，手臂、腿脚动作要协调而有节奏。练习方法主要有手扶池槽踩水练习、身系浮带踩水练习和直接踩水练习，连续做蹬夹—收屈—蹬夹动作。

②常见错误动作与纠正方法，见表 5－5。

表 5－5　常见错误动作与纠正方法

常见错误动作	纠正方法
身体失去平衡概念不清，上体后仰	上体稍前倾和稍低头，双手在胸前维持平衡
身体下沉，手、腿动作不正确	手在胸前做向里向外的拨水动作，增加浮力；腿向下做蹬夹水动作，增加浮力
不能持久，手、腿、呼吸配合不协调	改进蹬夹水动作，提升腿蹬夹水的动作效果；加强手、腿、呼吸协调配合，呼吸要有节奏性

2. 蛙泳技能

蛙泳比其他竞技泳姿速度慢，但是动作平稳，容易掌握，呼吸便利，适于长距离游泳，又便于观察和掌握方向，实用价值较大，是救护、潜泳、泅渡江河湖泊的常用姿势。

（1）蛙泳技术。

①身体姿势。蛙泳时，身体姿势不是固定不变的，而是随着臂、腿及呼吸动作的周期性变化而不断变化着。当蹬腿结束后，两臂并拢前伸，两腿向后蹬直并拢时，身体处于较好的流线型滑行状态，身体几乎水平地俯卧于水中，头部夹在两臂之间，两眼注视前下方，腹部与大、小腿位于同一水平面上，臀部接近水面，身体纵轴与水平成 5°～10°角。

②腿部动作。蛙泳时腿的技术动作可分为收腿、翻腿、蹬夹腿和滑行四个紧密相连的阶段。

第一，收腿。开始收腿时，两腿随着吸气的动作自然向下。同时两膝开始弯曲并自然分开，小腿向前回收。回收时，两脚放松，脚踵向臀部靠拢，边收边分。收腿时力量要小，两脚和小腿回收时，要收在大腿的投影截面内。收腿结束时大腿与躯干成 130°～140°角，两膝内侧与髋关节同宽，为翻腿和蹬夹腿做准备。

第二，翻腿。收脚将结束时，脚仍向臀部靠近。这时大腿内旋，膝关节稍内。同时两脚向外侧翻开，勾足尖，使小腿内侧对好蹬水方向，使腿在蹬夹时有一个良好的对水面。

第三，蹬夹腿。翻脚后，立即以腰腹和大腿同时发力向后蹬水。先伸髋，再伸膝，以大腿、小腿内侧和脚掌向后做急速而有力的蹬夹动作，该动作是推动身体前进的重要动作。

第四，滑行。蹬腿结束后，腿处于较低的位置，脚距离水面为 30～40 厘米。此时两腿迅速并拢伸直，身体适度紧张，呈流线型，做短暂滑行，准备开始下一个腿部动作周期。

③臂部动作。现代蛙泳广泛采用高肘、快频率。动作可分为抓水、划水、收手和向前伸臂四个紧密相连的阶段。

第一，抓水。从两臂前伸并拢，掌心向下地开始滑行，前臂、上臂立即内旋，掌心转向外斜下方，略屈腕，两手分开向侧下压水至两手间距约为2倍肩宽处，手掌和前臂感到有压力，便开始划水。此阶段动作速度较慢。

第二，划水。当两手做好抓水动作，两臂分至40°～45°夹角时，手腕开始逐渐弯曲。这时两臂、两手逐渐积极地做向侧下后方屈臂划水。划水时肘的最大屈角为90°左右，划水应用力，使上体上升到较高的位置，为下一阶段收手、向前伸臂做好充分准备。

第三，收手。收手是划水阶段的继续。收手过程也能产生较大的前进作用和升力。收手过程手臂向里、向上收到头前下方。这时，前臂与肘几乎同时做动作。收手时不应降低划水速度，而是以更快的速度积极完成。收手结束时，肘关节低于手，大小臂成锐角。

第四，向前伸臂。伸臂动作是由伸直肘关节、肩关节来完成的，掌心由朝上逐渐转向下方，手指朝前。同时迅速低头，将头夹于两臂之间。动作完成时，两臂伸直并拢充分伸肩，手掌心向下，呈良好的流线型向前滑行。

④呼吸。呼吸要和臂的动作协调配合，划水结束时，抬头用鼻和口呼气，手臂划水时用口吸气，收手低头闭气，伸臂时徐徐呼气。

⑤腿、臂与呼吸完整配合技术。蛙泳在一个动作周期中，一般采用一次呼吸、一次划水、一次腿的配合。臂开始划水时，腿伸直不动，划水将结束，两腿自然放松，并在收手时开始收腿。手臂开始前伸时，收腿结束并做好翻腿动作，手臂接近伸直时，开始向后蹬腿。伸臂蹬腿结束后，身体伸直向前滑行。

(2) 练习方法。蛙泳技术比较复杂。因此，蛙泳教学中要抓住基本技术，其中腿部动作是基础，呼吸动作是关键。蛙泳学习按腿、臂、臂腿配合及完整配合的顺序进行。

①腿部动作练习。

第一，陆上模仿练习。坐在地上或池边，上体稍后仰，两手体后撑，做蛙泳腿收、翻、蹬夹、滑行的动作练习，先按口令分解练习再过渡到完整连贯动作；俯卧池边做收、翻、蹬夹、滑行练习。

第二，水中练习。手扶池边，身体浮于水中，做腿部练习；蹬边两手前伸，闭气滑行做腿部动作练习；扶住浮板，两臂伸直，头浸入水中，做蛙泳腿部动作练习；扶浮板，头浸入水中闭气，蹬两次腿呼吸一次。

②手臂动作练习。

第一，陆上模仿练习。站立，上体前倾，两臂前伸，掌心向下。按口令做以下动作：两手同时向侧后下方划水，屈臂收手至须下，掌心斜下对，两手向前并拢。

第二，水中练习。两脚开立站于齐胸深的水中，上体前倾，两臂按陆上练习要求做划水动作，先做原地后做运动的小划臂练习；俯卧滑行小划臂练习；臂和呼吸配合练习，臂的动作同上，由走动到俯卧滑行做臂与呼吸配合动作；双人练习，由同伴抱住练习者双腿，做蛙泳臂与呼吸配合动作的练习。

③完整配合动作教学。

第一，陆上模仿练习。站立，两臂向上伸直并拢，一腿支撑另一腿做模仿练习，按口令做："1"——划手脚不动；"2"——收手收腿；"3"——先伸臂；"4"——后蹬腿。

第二，水中练习。滑行后闭气做臂、腿配合的练习；因闭气滑行，做划臂腿伸直、收手又收腿臂将伸直再蹬腿、臂腿伸直后滑行的配合练习。

3. 蝶泳技能

蝶泳是在蛙泳技术动作的基础上演变而来的，从动作外形看，像蝴蝶展翅飞舞，又像海豚推波击水，故又称海豚泳。蝶泳技术是所有游泳姿势中最复杂的，而且对游泳者的身体素质要求很高。

（1）蝶泳技术。

①身体姿势。在游进过程中，头部和躯干各部不断改变彼此间的相对位置，整个动作是以腰为轴有节奏地呈上下起伏的波浪状。

②躯干和腿的动作。蝶泳打腿是由腰部发力，大腿调动小腿做有节奏的上下鞭状打腿动作，整个动作是和躯干联系在一起的。打水时两腿自然并拢，当两腿向下打腿结束后，两脚向下达到最低点，膝关节伸直，臀部上升至水面；然后两腿伸直向上移动，髋关节逐渐展开，臀部下沉；当两脚继续向上时，大腿开始下压，膝关节随大腿下压而自然弯曲，大腿继续加速向下；随着屈膝程度的增加，脚向上抬到最高点，臀部下降到最低点，准备向下打水。

脚向下打水时，脚背要保持正对水面，踝关节必须放松伸直；当小腿随着大腿加速下压时，大腿又开始向上移动，等膝关节完全伸直时，向下打水即告结束。

③臂的动作。蝶泳手臂的划水动作是推动身体前进的主要动力，这一动作比其他姿势划臂推进力都大。划水时两臂的动作要对称地进行，与自由泳臂的动作结构基本相同。

蝶泳手臂的动作：两臂经空中快速前移后，在头前于肩宽处入水，入水后臂前伸并压肩挺胸；然后手和前臂内旋向侧下方抓水；接着两臂逐渐向内屈臂划水，当两手划至腹下时，两掌几乎相触并开始用力向后加速推水。移臂是借助两臂推水结束时的惯性进行的，动作是在推水结束前即已开始的，因此移臂和推水是一个连续动作。蝶泳整个划水路线呈钥匙洞形或漏斗形。

④腿、臂、呼吸完整配合技术。臂与腿的配合时机是每划水 1 次，打腿 2 次，即在两臂入水的同时做第一次打腿，当两臂加速推水时开始第二次打腿。蝶泳的呼吸时机很重要，它对于身体的平稳、呼吸的节奏、两臂配合的协调性和两臂划水的连贯性影响很大。蝶泳的呼吸时机是当手入水做第一次打腿时低头憋气；在加速推水和第二次打腿的同时抬头吸气。蝶泳的呼吸可采用一动（即一个动作周期）一呼吸，也可采用多动一呼吸。

（2）练习方法。

①躯干与腿部动作练习。

第一，原地站立，两臂上举伸直，腰腹前后摆动，模仿蝶泳波浪运动。

第二，身体俯卧于水面，两臂放在体侧或伸直手，以腰为发力点，两腿同时做向上与向下的波浪打腿练习。

第三，蹬边或蹬底滑行后，做上述动作。

第四，蹬边或蹬底滑行后，扶板做蝶泳打水练习。

②臂划水练习。

第一，站立臂划水练习。站立在齐腰深的水中，上体前倾卧于水面，原地做蝶泳臂划水练习，主要体会两臂划水动作路线和用力的规律。

第二，走动时臂划水练习。在齐腰深的水中，边做蝶泳臂划水练习，边利用划水的推动力，使身体前进。体会两臂向后划水时对水的感觉。

第三，滑行后臂划水练习。利用蹬地或蹬池壁后水中滑行的惯性，进行臂的划水练习，重点体会推水加速感。

③腿、臂与呼吸完整配合练习。

第一，陆上原地前后站立，模仿蝶泳腿、臂配合动作。

第二，在水中做几次蝶泳打水，手臂划水 1 次练习，然后逐渐过渡到打 2 次腿、划 1 次臂配合练习。

第三，在 2 次腿打水、1 次划臂的配合练习基础上，增加呼吸配合练习。重点体会在加速推水和第二次打腿的同时抬头吸气。

第四，逐渐加长游的距离进行练习。

4. 自由泳技能

自由泳是身体俯卧水中，依靠两臂轮换划水，因其动作很像爬行，所以也称为爬泳。

（1）自由泳技术。

①身体姿势。自由泳时身体要保持几乎水平的俯卧姿势，躯干肌适当紧张，呈较好的流线型，身体纵轴与水平面成 3°～5°角。头部应自然地颈后屈，两眼注视前下方。

②腿部动作。两腿自然伸直并拢，踝关节放松，两脚内扣，以髋为轴，由大腿带动小腿做上下鞭状打水动作，两脚尖上下幅度为30～40厘米，大、小腿弯曲成140°～160°角，两腿向下发力，两腿交替向下打水。

③臂部动作。臂划水是自由泳推动身体前进的主要动力。臂的一个划水周期可分为入水、抱水、划水、出水、空中移臂五个部分。

第一，入水。臂入水时，肘关节略屈并高于手，手指并拢伸直，向斜下方切擦入水，或掌心暂向外侧切入水中，使手掌与水面的角度为30°～40°，动作要自然放松，臂入水时在身体中线与延长线中间。臂的入水顺序为手—前臂—肘—上臂。

第二，抱水。臂入水后，手腕自然伸直，掌心转向下，积极插向前下方至有利于抱水部位。此时前臂和上臂应积极外旋，当手臂接近完全伸直，手臂与水平面成15°～20°角时，手腕向下弯曲，同时开始屈肘，使肘高于手。上臂划至与水平面成30°角时，手和前臂已经接近垂直于水，肘关节屈至150°左右，手和前臂以较大的横截面积对准划水面，整个手臂像抱着一个大圆球似的为划水做准备。

第三，划水。划水是指手臂在前与水平面成40°角时起，向后划至与水平面成150°～200°角为止的动作过程，是产生推进力的主要阶段。这个阶段又分为两个部分，从整个臂部划至肩下方与水面垂直之前称为拉水，过垂直面后称为推水。

拉水是从直臂到屈臂的过程。抱水结束时，屈肘为150°左右。拉水时，前臂的速度快于上臂，继续屈肘。当臂划至肩下方时，手在体下靠近身体中线，屈肘成90°～120°角，整个推力过程应保持高肘姿势，使手和前臂能更好地向后划水。

推水是手臂屈与伸的过程，推水中肘关节向上，向体侧靠近。手在拉水结束后即从肩下中线处向后侧划动至大腿旁。推水时，手掌应始终与水平面保持垂直。这有利于推水时产生反作用力而向前推进。

整个划水动作，手的轨迹始于肩前，继之到腋下，最后到大腿旁，呈S形。

第四，出水。在划水结束后，臂由于惯性动作而很快地靠近水面。出水时，手臂放松，微屈肘，肘部向上方提起带动前臂出水面，掌心转向上方。手臂出水动作必须迅速、柔和、放松而不停顿。

第五，空中移臂。臂在空中前移的动作是手臂出水的继续。移臂开始时，手掌几乎完全向后提肘向上，手腕放松，手落后于肘关节。当手前摆过肩时，应与肘成一直线。这时手和臂逐渐向前伸出，掌心也从后上转向前下方，接着准备入水的动作。

④两臂配合技术。划水时，根据两臂所处的位置不同，可分为三种交叉形式，即前交叉、中交叉、后交叉。

第一，前交叉配合。当一臂入水时，另一臂处于肩前方，与水平面成约30°角。

第二，中交叉配合。当一臂入水时，另一臂处于肩下垂直部位，与水面约成90°角。

第三，后交叉配合。当一臂入水后，另一臂划水至腹部下方，与水平面约成150°角。初学者应采用第一种交叉形式，它有利于掌握自由泳动作和呼吸动作。

⑤臂、腿与呼吸配合的完整动作。自由泳采用转头吸气的方法。这里以向右吸气为例，右手入水后，嘴与鼻慢慢呼气。右臂划水至肩下时，头向右侧转，呼气量增大。右臂推水快结束时，用力呼气，直至嘴出水面。右臂出水时吸气，移臂至与肩平齐时吸气结束。随着继续向前移动，转头还原闭气。

（2）练习方法。

①腿部技术练习。

第一，陆上模仿练习。坐在池边或岸边，两手后撑，两腿向前伸直并拢内旋，直腿做模仿打水的练习。

第二，水中练习。手抓水槽或撑住池底，身体呈俯卧水平姿势，两腿伸直，做直腿或屈腿的打水练习；蹬边滑行做直腿或屈腿的打水练习。

②手臂动作和手臂与呼吸配合动作的教学。

第一，陆上模仿练习。A. 原地两脚开立，上体前倾做直臂划水模仿练习；B. 同上练习，要求划水时做出屈臂的动作，移臂时肘高于手；C. 吸气练习，两脚开立，上体前倾，两手扶膝，做向侧转头吸气练习；D. 臂与呼吸配合：同侧臂开始划水时呼气，推水时转头吸气，吸气后头迅速转回，手再入水。

第二，水中练习。站立浅水中，做同陆上模仿练习A～D的练习。如在深水中教学，可用一手扶池边做单臂划水动作练习。E. 两臂配合：扶板打水，单臂划水，向同侧转头呼吸；蹬边滑行后腿轻轻打水或大腿在助浮器帮助下下肢浮起，身体浮起平衡，做单臂划水。

③完整配合动作教学。

第一，陆上模仿练习。俯卧凳上做臂、腿配合模仿练习；同上练习，加上呼吸动作。

第二，水中练习。A. 蹬边滑行打腿，一臂前伸，另一臂划水；B. 同上练习，配合两臂分解划水练习；C. 滑行打腿，两臂用前交叉或中交叉轮流划水练习；D. 逐渐加长游距，在练习中改进动作。

（二）游泳教学方式

体校的游泳课程教学实践要在培养学生游泳技能的同时，改善学生体力、形体等多方面的状况。作为一项独特的运动项目，游泳的健身价值和健康促进功能显著，因此广受好评。但从当前游泳课的实际情况来看，在教学方式上还存在一定的不足，如何弥补这些不足，并创新多维度的教学方式，还需要制定可行策略与基本方案，以助力达成教学目标。

1. 讲授式教学方式

讲授式的教学方式，作为一种体校游泳课教学的主要模式，虽然在实践过程中出现了一定的适应性问题，但其价值依旧不容小觑。讲授式教学方式作为传统的教学方式依旧有其可取之处，从辩证角度看，可以在讲授式教学的基础之上探索创新思路，让讲授式教学方式的价值更加凸显。

在讲解示范方法上，教师主要是通过对游泳基础理论知识的讲解和技术动作的示范来达成教学目标。虽然这种方式能增强学生的外部形象感知，了解动作的内在规律，但由于环境介质的差异，在陆地上的讲解示范与在水中的讲解示范存在明显差异。针对这种情况，教师可以尝试使用简洁明了的语言，抓住技术动作的要领，以口诀、关键词等方式加深学生记忆，避免使用枯燥的学术语言。讲解和示范有效结合，陆地讲解和水下讲解相结合，让游泳运动的相关知识点呈现在学生的眼前；使用多媒体进行教学，也将助力传统讲授式教学。

游泳教学本身涉及的要点较多，巧妙地使用多媒体呈现教学内容，让游泳的技术动作呈现更多细节，帮助学生理解内容。

2. 互动式教学方式

传统的体校游泳课的教学实践，普遍缺少互动性，所以就迫切需要互动式教学来改善这一状况。教学实践中互动的过程强调师生双向互动，而非单向的知识灌输。在游泳课程中采取互动式教学，要注意以下几个方面。

（1）游泳竞赛。在游泳教学实践中，当学生初步了解和掌握游泳的技术动作后，可以尝试通过竞赛互动的方式来开展教学，以此来调动学生的积极性，形式可以有个人竞赛、团队竞赛等，但需要做好统筹安排与各方面协调。让学生可以在竞赛实践中发挥主动性，激发潜能。

（2）互动游戏。游戏往往对学生具有较强的吸引力，在开展游泳课程实践时，要尝试利用互动游戏的方式吸引学生主动参与其中，消除学生心理层面上对这项水上运动的恐惧感。如在游泳课程的教学实践中可以适当开展“水下寻宝”“水中接力”等多种游戏活动，让学生愿意主动参与其中，并在游戏互动中掌握游泳技巧。互动游戏的具体形式可以进行自主开发，要尝试通过对课程内容的深度挖掘，打造多元互动游戏类型，以此为学生带来有趣的体验。

（3）救生演练。游泳本身是一种生存技能，水中救生的演练不可或缺，既要让学生学会水中自救，也要让学生具有一定的水中救助他人的能力。在演练的过程中要注意联系生活实际，提高学生对游泳运动的重视程度。

3. 研讨式教学方式

研讨式教学方式有助于游泳课程教学的创新。研讨式教学需要注意以下几个方面。

（1）询问和应答。在体育游泳课堂经常会出现一个问题是学生无法及时了解自身的基本情况，从而造成学习的动力不足。根据技能形成的基本规律，结合学生的实际情况，要注意采用询问的方式来开展游泳教学。例如，针对游泳教学实践中学生出现的蛙泳手臂划水幅度过大的问题，教师可以提出“划臂动作的要领是什么”等问题，同时要注意学生的应答，如果学生可以清楚地表达“小划臂、高肘划水”，则说明学生已经比较清晰地了解了动作要领，可以进行下一步教学；如果学生对基本知识点还不够了解，则需要在教学中重新做出调整。

（2）观察和纠错。观察和纠错并不仅仅是教师要观察学生动作并纠正他们的错误，也包括学生的自我观察及主动纠错。在课程教学实践中，教师要引导学生发现自身的问题，并与教师沟通，从而加深理解，并进一步通过肢体的感受来了解技术动作的各项细节。如在游泳的过程中，受水的透明度、光线折射、水波噪声、射灯照明等多种因素的影响，学生的听觉和视觉会受到一定的限制，所以引导学生注意观察问题，并与教师进行了开讨，从而掌握技术动作，这一点至关重要。

（3）分组与合作。对于学生而言，分组与合作进行学习也很重要。在传统的游泳课程教学中，多是采取大班授课的方式，这种模式自然造成游泳课程教学实践的开展受到限制。在游泳课程的教学实践中，引导学生进行分组与合作学习可以弥补传统课堂教学的不足。按照学生的不同层次，根据个体差异组成小组，以小团队的形式开展游戏训练和学习，从而达到学生能力整体提升的目标。作为研讨式教学的一种手段，多种方法的灵活运用，有助于促进学生对教学内容的掌握。

4. 体验式教学方式

在游泳课程教学实践中，要遵循先陆地练习，后水中实践体验的教学原则，循序渐进，这样才能够使学生尽快掌握动作要领。体验式教学，需要注意以下几个方面。

（1）正误对比。大部分学生在游泳课堂的学习中，普遍不能清楚判断动作的正误，在这种情况下，教师就需要给出正误动作的对比，使学生明白哪些动作是正确的，哪些动作是错误的。如在游泳动作技巧的示范过程中，可以对错误的动作和正确的动作进行对比分析，并向学生进行讲解，让学生深入了解技术要点。

（2）心理模拟。对于游泳技能的初学者来说，由于水感较差，身体动作往往会过分紧张，所以极易出现动作的问题。在这种情况下，就需要以心理模拟来辅助训练目标的达成。引导学生如通过心理暗示的方式，去克服恐惧的心理状态，在“近水”和“亲水”的实践中，让学生的心理素质也得到锻炼。

（3）助力辅助训练。在游泳动作的学习和练习中，可以通过教练员的助力，来完成训练实践。如在学生蝶泳技巧的学习实践中，为了帮助学生掌握动作要领，在学生进行鞭状打腿练习时，教师可以手持救生长杆，让学生在水中处于漂浮的状态，进而完成练习。

第六章 CHAPTER SIX 儿童青少年的体育教育与养成

第一节　幼儿快乐体操教学体系构建

一、幼儿快乐体操教学的目标

（一）幼儿快乐体操教学目标的设置原则

1. 以幼儿为本原则

以幼儿为本原则是指在制定教学目标时要以幼儿发展的全面性和整体性为导向，体现幼儿的个体差异性，遵循幼儿身心发展特点，促进幼儿发展，为幼儿一生的可持续发展奠定良好的基础。

（1）全面性与整体性原则。在坚持以幼儿为本的价值取向中，依据幼儿各个方面的发展特点和各个阶段发展情况，把有利于促进幼儿健康，有利于发展幼儿的身体素质、动作技能、情感态度、健身知识等各个方面的关键能力的培养转化为快乐体操教学目标，确保教学目标涵盖各个方面、各个层次，以此促进幼儿全面发展。

（2）个体差异性原则。每一个幼儿都是社会中独立的个体，每一个幼儿都有他们各自的成长与发展轨迹。为了确保每一个幼儿都能在自身原有水平上得到进一步的发展，在确定快乐体操教学目标时，既要考虑幼儿年龄所处阶段各个方面的一般发展特点，也要充分考虑幼儿的实际发展水平，根据幼儿不同的兴趣、需要、学习风格和能力制定个性化的目标，确保所有幼儿都能在快乐体操活动中彰显个性，做最好的自己。

2. 可行性与发展性相结合原则

科学合理的教学目标还要体现教学目标的可行性与发展性。每个年龄阶段的幼儿都具有一般的、共性的特点，同时，每一个幼儿的发展轨迹和速度也不尽相同，有的差异还很大。因此，确定教学目标时，既要考虑某一年龄阶段幼儿在各个方面发展的一般特点，以可行、可实现为原则，设置与大多数幼儿发展水平相符的目标；还要尊重和接纳幼儿的个体差异，确保教学目标在可实现的基础上具有发展性，可拓展、可延伸，以满足更高能力水平幼儿的学习需求，从而使每一个幼儿都能获得与自身能力水平相符的学习和发展。

3. 协调统一原则

基于幼儿全方位和多方面的发展需求，幼儿快乐体操教学目标子体系中各方面、各维度和各层级目标应协调统一。前后目标应是相互联系、相互支持和互为因果的关系。总体目标需要各类别、各层级目标来支撑，否则就会失去依托，成为空中楼阁，空洞泛化而难以把握；没有总体目标，各方面、各维度、各层次的具体目标就会缺乏统一指导。比如，既要强调运动技能的重要性，突出身体练习，又要教授与动作练习相关的健康与健身知识；在社会性方面，既要培养幼儿的独立性，又要培养幼儿的交流、互助能力，既要培养幼儿的竞争意识，又要培养幼儿乐于合作的意识。要充分考虑和协调各方面因素，实现各个目标之间的协调和统一。

（二）幼儿快乐体操教学目标的设定依据

1. 以幼儿学习与发展需要为依据

教学目标的设定首先要依据学习者的发展需要，幼儿的学习与发展需要是快乐体操教学目标设定的基本依据之一。以幼儿学习与发展需要为依据，就是要充分考虑各年龄阶段幼儿的发展状况，关注各阶段幼儿的发展状况，依据幼儿的学习与发展需要、学习与发展水平和学习与发展潜力来选择和设定教学目标。同时，由于学习者具有个体发展差异性，即便同一年龄的个体之间也存在差异，所以，快乐体操教学目标的设定既要注意学习者的需要，又要注意学习者的个体差异。幼儿快乐体操教学目标不仅要体现幼儿当前的学习与成长的需要，还要体现幼儿终身学习与全面发展的需要。

2. 以生活需求和社会需求为依据

幼儿的成长与发展就是幼儿在现实生活中不断社会化的过程。人是社会的人，社会发展需要理应成为快乐体操教学目标设定的基本依据之一。以社会和生活需求为依据，就是在选择和设定快乐体操教学目标时，将学习者身心发展特点与快乐体操教学特点相结合，使学习者通过快乐体操练习，不仅能够获得身体素质和动作技能的提升，还能够发展和提高适应当代社会发展需要的心理健康素质。因此，幼儿快乐体操教学目标应在幼儿身心得以全面协调发展的前提下，充分考虑目标的设定是否有利于幼儿从快乐体操练习中更好地获得适应社会发展的经验，为幼儿今后适应现实社会与生活打下坚实基础。

二、幼儿快乐体操教学的内容

（一）幼儿快乐体操教学内容的选择原则

1. 近期目标与长远目标兼顾原则

教学内容一般包含行为类“显性或有形”的内容，以及概念和心理层面的“隐性或无形”的内容，尤其是体育教学中，技能类的“显性”内容更为明显。因此，在选择或设计教学内容时，要充分兼顾近期目标与长远目标，不能为了追求近期教学目标而忽略了幼儿终身体育意识和能力培养的长远目标。

2. 着眼整体与关注个体相结合原则

幼儿快乐体操教学首先要面向全体学生，必须具有一定的统一性和整体性，必须具有一个较为规范的目标。这就需要一个相对统一的教学内容体系，且这个体系还要基于学生的个体差异性，关注学生最近的发展区域，选择和提供具有挑战性，有助于调动学生积极性、发掘学生潜能的学习内容。要兼顾某阶段幼儿的整体发展水平和学生个体差异，这样所建立的教学内容体系方能有效地促进每一个幼儿在快乐体操练习中得到最大限度的发展，实现幼儿快乐体操的教育教学目标。

（二）幼儿快乐体操教学内容的设计

1. 基本移动技能教学内容设计

移动是指安全地将身体从一处移动到另一处。移动包含一系列具体内容，如各种走、跑、爬、跳跃、滑动、摇摆、翻滚等。对儿童来讲，有目的地发展和提高这些技能，有助于发展孩子们的运动速度、肌肉力量，以及身体的协调性、灵活性和控制能力，为他们参与各种有益健康的体育运动打下坚实的基础。同时，这些移动技能对于幼儿学习体操技能也是非常有帮助的。考虑到跳跃与着陆、摇摆与旋转动作技能在体操和其他运动，以及现实生活中都具有独特的功能和价值，此处仅将走、跑、跳、爬、滑等归为基本的移动身体动作。

2. 跳跃与着陆技能教学内容设计

跳跃与着陆是体操运动中非常重要的两类动作。跳跃涉及瞬间的移动，需要爆发力，不同身体姿态的空间运动需要有良好的空间知觉和空间控制能力；着陆涉及以合理的方式使地面或棉垫等吸收力量来安全、稳定地停止运动。跳跃可以帮助孩子学会如何正确地使用手臂和腿正确地着陆和反弹。正确的起跳、良好的空间身体控制能力和在适当的空间位置、采用适当的身体姿势是安全、稳定着陆的保证。体操运动中，几乎每一种技能都需要跳跃与着陆动作中的一种或两种，在进行体操运动时，总是需要以不同的速度、空间位置、空间方向、身体姿态做起跳、飞行和着陆动作。当然，这两种技能在很多其他运动项目（如篮球、排球、健美操、舞蹈、跳水等）中，以及现实生活中都是经常使用的技能。

第二节 小学体育中健康生活方式教育实施

一、健康生活方式教育内容的表达

一节好的体育课应该能让学生身心得到发展，在体育课中适时地对学生实施健康生活方式教育，不仅可以让学生掌握运动技能，还可以让学生学会相关的健康知识，促进学生技能、体能、健康意识的共同提升。

在体育课中，不管是实践课还是理论课，在开始时，教师可以用激昂的语调向学生提问上课前应做哪些准备状态，或者当发现学生不吃早餐或不按时睡觉时，体育教师可以适时地进行一些相关的健康生活方式的教育，让学生懂得按时吃早餐和睡觉对身体及运动等方面的重要性，加深学生对健康知识的理解。另外，还可以在学生使用器材时提醒他们小心使用并爱护器具。在实践课时，学生流汗多需要补水，运动过量需要放松，体育教师就可以提醒学生“喝水要小口慢喝”“要喝温水”等，学生长期在这样一种教育环境下，健康意识肯定会得到强化。

二、健康生活方式教育内容的设计方法

体育课由理论课和实践课组成，长期以来体育教师普遍对理论课缺乏重视，且理论教学内容枯燥、理论教学形式单一。但是，理论知识对学生进行科学合理的锻炼、树立正确的生活观，都有着非常重要的指导意义。小学阶段的学生正处在躁动期，天性活泼好动，教师应该善于运用各种教学方法，提高小学生对体育理论课的兴趣，从而积极参与到教学活动中。较有效的教学方法如下。

（一）情境教学法

情境教学法是指教师在教学过程中创造具体生动的场景，以激发学生的兴趣，并帮助他们理解教学内容的教学方法。例如，对学生进行饮食健康生活方式方面的知识理解时，为了使学生迅速进入听课状态，教师可以利用幻灯、投影和录像等多媒体展示相关的饮食知识来吸引学生的注意力；或者利用生动的语言描述与饮食有关的某一现象引发学生的兴趣，从而使学生带着问题进入课堂的学习中。在讲解运动锻炼方面的有关知识和技能时同样可以有目的地进行情境创设，用生动的语言向学生讲解有关运动方面知识技能，把学生带入情境中，从而激发学生探索问题的动力。

（二）故事教学法

故事教学法是指教师在课堂教学中穿插一些有关的故事、案例，使学生从中感悟道理并掌握知识技能的教学方法。例如，在向学生讲解运动损伤的预防与处理、危险动作的避免、运动项目的选择等运动锻炼健康生活知识时，教师可以根据一些比赛案例进行故事的创编，让学生从不同的故事中去领会知识点，从而掌握相关的知识技术。为了使学生理解更加深刻，教师还可以用一些发生在学生身边的事件，如因为设备检查不够认真、环境选择不够严格、运动穿着过于随便、同伴保护不够、运动强度过大等造成运动伤害的具体案例来创编故事，以此说明健康运动的知识与方法；教师还可以对因误食一些有毒食品导致中毒的问题，因节食、暴食、偏食出现胃病或营养不良的身体健康问题，因抽烟喝酒过度导致疾病问题等相关的新闻案例进行解说，以此教导学生，实现教学目标。

第三节　中学体育教学中的德育渗透

一、中学体育教学中德育渗透的必要性

中学阶段的学生，身体迅速发育，自我意识和独立能力显著增强，心理发展处于脱离父母的断乳期，心理和行为都渴望自主独立，希望从家庭的束缚中挣脱出来。另外，这个阶段的学生身心发展并不成熟，人生观和价值观还未彻底成形，还不能用正确的方式去处理和看待一些事情，所以，学校要重视德育工作，引导学生形成正确的是非观念，提升他们的道德认知水平，使其形成良好的道德意志和道德行为。教育者要结合这个年龄阶段学生所具有的特点，做到尊重和理解、引导和帮助。

德育在高中教育中是十分必要且重要的，教育者要积极提升教学水平，提高德育能力，紧随时代的脚步，适应社会的发展，加强学科教学中的德育渗透，努力培养全面发展的新时代中学生。

二、中学体育教学中德育渗透的优势性

（一）体育教学中的德育具有即时感受性

体育是一门以身体练习为主要手段，以健身为主要目的的学科。体育教学中的德育具有即时感受性的特点，课堂中学生的反应会及时反馈给体育教师，体育教师可以根据具体情况对学生进行相应的道德教育。体育课堂是以教师为主导、以学生为主体的实践活动，体育教学中渗透德育，可以让学生在亲身参与中获得直接的道德认知。在日常锻炼和比赛中，学生会获得相应的成就感、责任感和荣誉感，直接感受到坚持的意义、勇敢担当的精神、拼搏的价值等，

这远比单纯地学与教更具即时性和感受性。除此之外，体育课上，一些富有趣味的体育项目还会激发学生们对体育运动的兴趣，并使他们积极参与到体育运动中，在运动中收获友谊和荣誉，一些同学展现出来的运动精神和道德品质也会影响到更多的同学，进而增强班集体的凝聚力，以及学生团结协作、勇敢拼搏的精神。

（二）终身体育有利于开展道德教育

体育教育的不断发展和进步也使得这门学科越来越完备，逐步形成了从简单到复杂、从低水平到高水平的完善内容体系。在多年的体育教育中，学生不断地接受身体练习和道德教育，体育教育的长期性有利于德育的开展，并为德育提供充足的时间和空间。高中体育教育应该进行积极的改革，深入挖掘体育课堂中的德育因素，将体育与德育进行有机结合，革新教学理念和教学方式，使学生在体育中得到德育、在德育中加强体育，并牢固树立起终身体育与不断提高品德的意识。

三、中学体育教学中德育渗透的主要措施

（一）强化体育教师的思政意识和德育理念

教书育人、为人师表是每一位教师的基本职业道德。打铁还需自身硬，在学校体育教学中，开展好德育工作，首先需要自身素质过硬，只有不断加强自身的学习和道德修养，才能提高自身的德育教学能力，从而落实好立德树人的根本任务。在当代教育思想理念的指导下，在新课程标准的要求下，每一位体育教师在学校体育教学中不仅要注重提高学生的身体素质、教会学生体育知识和技能，还要注重培养学生的道德品质，要充分发挥体育教育的德育功能，在日常教学过程中显隐结合、潜移默化地影响学生，使学生树立起正确的人生观和价值观。所以，每一位体育教师都要端正自己的教学态度，强化思政意识和育人观念，善于挖掘体育教育的德育功能和价值，做到尊重学生的主体地位，发挥学生的主体性，并在体育教学过程中引领示范，带动学生自发性地养成良好的思想品德。

（二）拓展德育渗透途径，丰富德育渗透方法

德育渗透工作不仅可以在日常体育课中开展，还可以通过其他途径来开展。

第一，开展好“两操一课”活动，鼓励和引导学生积极参加形式多样的课间体育活动，培养学生锻炼身体的意识，促进师生之间、同学之间的良好关系。

第二，通过开展校园运动会和趣味比赛等课外活动的方式进行德育渗透，培养学生勇于挑战自我、顽强拼搏、团结协作、遵守规则等方面的体育精神和

体育道德。

第三，学校可以利用公众号等面向学生进行体育教育中德育知识的宣传和相关德育故事的推送，以学生们更容易接受的方式推动体育教育中德育渗透工作的开展。

第四，在校园中也要广泛地设计一些与体育相关的文化板块，例如，布置一些深受学生喜爱的体育明星墙绘和海报，开辟一些能够催人奋进的体育故事宣传栏提升学校的体育文化氛围。

第四节　新时期青少年体育养成教育研究

一、青少年体育养成教育的内容

（一）体育健康教育

体育健康教育对帮助青少年树立正确的健康观有积极的作用，可以使青少年养成良好的运动习惯，选择健康的生活方式；可以使青少年在提高自我保健意识的同时有效地预防各种慢性疾病；可以帮助青少年了解并掌握与健康密切相关的知识和技能，满足青少年日益增长的心理健康需求。但是，大多数学校的体育教育不重视健身知识的讲授，不重视学生体育兴趣的培养，往往将体育课的全部时间都让学生用来学习运动技能，几乎不安排时间带领学生学习运动知识和健身知识，这是错误的做法，所以要努力推行体育健康教育。

（二）体育行为规范教育

体育行为规范是着眼于青少年的终身发展，遵循其身心发展规律，注重青少年个性和自主性发展，有目的、有计划、有组织地对学生施加影响，旨在培养学生良好的个人体育习惯和公共体育行为规范。通过体育行为规范教育，使青少年拥有更强的自我控制的能力，使其体育行为规范化、合理化、科学化，避免因体育行为失范而造成身体损伤。目前，大多数学校的体育教学方法仍沿袭旧的教学模式，普遍采用讲解与示范、练习与纠错的教学手段。体育教学过程显得机械、呆板、没有活力，使青少年缺乏学习的主动性和自觉性这是需要改变的状况。

二、青少年体育养成教育的途径

（一）培养体育自我意识

体育自我意识主要包括自我状态意识、自我能力意识和自我表现意识三个方面。

第一，自我状态意识是指生命个体能够清楚意识和感受到在体育运动中的状态，并能准确感知状态是高活跃度和快节奏的，还是低沉、逃避且拖拉的。

当个体在体育运动过程中表现出活跃的状态时，其参与体育运动的态度是认可的、积极的；反之，个体参与体育运动或从事体育行为将呈现出应付、逃避的状态，其体育态度则是消极的、不认可的。

第二，自我能力意识是指个体对自己的体育能力的意识，或知道自己比较擅长体育活动，熟悉掌握多种体育项目，或知道自己不擅长进行体育活动，在很多活动中的表现都不尽如人意。当个体清楚地知道自己参与体育运动的能力水平较高，并预测到自己能够很好地按照要求完成运动时，就会对自身顺利完成任务充满自信心，其参与体育运动、从事体育行为的态度就是积极的；而当个体意识到自己的体育运动和能力水平较低，且无法完成基本运动技能的要求时，就会因感到能力不足而产生自卑，从而以消极、抵抗的态度参与体育运动或从事体育行为。

第三，自我表现意识是指个体能认识到其在体育运动过程中的行为表现如何。对一些人而言，当参与或观看运动项目时，就会表现得很紧张或很害羞；而对另一些人而言，当参与或观看运动项目时，则不但表现得轻松自如，还会异常兴奋。当个体在众人的注视下进行体育运动或从事体育行为，由于自信心不足，害怕失败后受到他人的嘲笑和蔑视时，会表现得紧张和害羞，参与体育运动的积极性就会下降。另外，当个体想要通过自身高水平的运动技能获得外界的物质奖励和精神鼓励，以及社会认可时，以强烈的自信状态参与体育运动和锻炼，并且会显得轻松自如，甚至游刃有余，在参与体育活动的过程中就是态度热情且积极的。

（二）重视体育情感体验

第一，体育作用的情感体验是指在体育运动过程中体验到的体育对自身的作用和功效。例如，青少年学生通过长期的体育锻炼行为获得了身心健康，原本的亚健康身体通过运动锻炼趋近于健康，原本焦虑、烦躁的心理变得愉悦，这都是对体育运动良好的作用体验，由此而产生积极的参与态度，维持继续参与体育运动的行为。

第二，体育过程的情感体验是指在参与体育运动和锻炼的过程中获得的各方面体验。例如，青少年在参与集体项目的竞赛过程，会体验到团队协作的重要性，体验到只有团结协作、一致向上方能取得胜利。个人参与个人体育项目比赛也会得到很多情感体验，无论比赛的输赢都不影响其满足感的产生，赢了比赛会体验到付出定有回报，输了比赛则会体验到自身在磨炼中的成长。

第三，体育信息的情感体验是指对体育信息的消化和吸收引起的体验。无论是针对体育作用的情感体验、体育过程的情感体验，还是体育信息的情感体验，良好的体验会带来肯定、积极的体育态度，恶劣的体验会带来否定、消极的体育态度。

第七章

CHAPTER SEVEN

新时期我国竞技体育后备人才培养的改革路径

第一节　体教融合背景下青少年体育后备人才培养的现实审视与战略取向

一、青少年体育后备人才培养的现实审视

新时代青少年体育后备人才培养必须科学研判当前面临的总体形势，尤其是把握好当前体育治理体系和治理能力现代化进程中协同共治的社会发展态势，健康中国和全民健身战略下多元共识的体育功能定位，以及青少年体育后备人才培养的现实。

（1）协同共治的社会环境。在教育体制改革不断深化、机构改革朝着扁平化方向发展、体教融合全新理念的等各方面形势下，体育强国建设如何审时度势、与时俱进，明确青少年体育后备人才培养与学校体育全面发展、青少年体质健康全面增强的关系，正视青少年体育后备人才培养多元格局的现实，理顺多元主体各要素间的整合发展，实现协同共治目标，达到时间、空间、途径和效益四大维度协调统一，已成为新时代解决青少年体育后备人才培养的关键所在。

（2）多元共识的体育功能。随着社会不断进步，人们观念不断改变，体育不再是为国争光或者争金夺银的代名词，而成为学校教育的重要手段和学校课程体系的重要内容，特别是新时代体教融合理念的提出，赋予了学校体育教育新的功能和内涵，要求通过体育锻炼，帮助学生磨炼坚强意志，养成良好品德；开展挫折教育，帮助他们养成协作能力，发扬斗争精神，树立规则意识，使他们尽快成长为能担当大任的时代新人。因此，新时代青少年体育后备人才的培养，要把体教融合作为夯实青少年健康发展的基础，深刻认识到只有推动青少年文化学习和体育锻炼协调发展，统筹处理好体教融合过程中普及与提高、锻炼与训练、特长与专业的关系，才能实现体育后备人才的可持续发展，开创新时代青少年体育工作的新格局。

二、青少年体育后备人才培养的战略取向

（一）深化思想融合，营造发展环境

新时代不断推进体教融合背景下青少年体育后备人才培养，既是重大理论问题，又是重要现实课题，还是重点操作难题，需要教育部门、体育部门和社会组织转变观念，形成共识，共同致力于营造关注、参与、支持青少年体育发展的社会氛围和环境。具体做法有以下三点。

（1）转变体育部门“锦标主义”的异化观念。在新时代体教融合的背景下，要深刻认识到“离开教育的体育是不牢固的”，要将青少年体育人才的培养全面纳入教育体系，实现青少年文化教育、运动训练、人格塑造“三位一体”的培养目标。

（2）转变教育部门“应试教育”的观念。教育部门要强化大教育观念，要充分认识到竞技运动在教育中的特殊地位和作用，将竞技体育项目纳入教育课程之中，将运动训练贯穿于学校体育教学和课外体育活动的各个环节。

（3）强化以人为本的思想。要在整个社会营造“大人才观”理念，重视体育的社会价值功能，使人们摒弃对体育职业的偏见，尊重青少年特长发展的需求，把育人作为最高目标，让文化教育与体育教育共同服务于青少年的全面发展，培养德、智、体、美、劳全面发展的青少年人才和社会主义接班人。

（二）促进目标融合，破除制度壁垒

新时代体教融合有利于促进青少年全面健康成长，学校体育教学的价值得到了前所未有的提升。青少年体育人才培养要深化各方面教育目标的融合，注重破除制度壁垒，探索形成完善的青少年体育后备人才培养体系。具体做法有以下两点。

（1）健全学校体育精英人才培养体系。要使传统学校的体育教学、课外体育活动、业余训练以及社团体育竞赛结合在一起协调发展，并且积极联合体育部门和社会组织的专业教练员及体育培训机构等主体，共建高水平运动队，将青少年体育后备人才培养体系纳入国民教育序列。

（2）发挥“以体育人”的功能，教育部门不只有体育教学，体育部门不只有竞赛训练，社会组织不只有技能培训，要贯彻“教学是基础、竞赛是关键、育人是根本”的发展思路，统合各方力量，促进目标融合。

（三）推动资源融合，健全培养机制

打造新时代体教融合背景下全新的竞赛体系，是资源融合的核心。具体做

法有以下三点。

（1）消除行业壁垒。积极推动建立青少年体育工作部际联席会议制度，实现重大问题集中讨论、集体研究、有力推进，并建立联合督导制度，对体教融合中相关政策执行情况进行评估和问责追责。要联合体育部门、教育部门和社会等多方面力量，形成体育部门、教育部门、学校、家长目标一致、思想统一、职责清晰、行动协同“四位一体”的青少年体育教育新格局。

（2）破解机制壁垒。推进体教融合，达到育人目标，需要推动家庭、学校、社区联动，以及社会参与的协同推进工作机制，教育部门和体育部门的协同工作机制，体育教学、群众活动、运动竞赛、体育文化的协同发展机制，体育设施、经费投入、风险管理、资源整合等保障体系的协同建设机制，组织领导、考核激励、环境营造的协同组织实施机制。

（3）破解赛事壁垒。要充分发挥青少年体育赛事的引领作用，将完善青少年赛事体系作为重要任务抓好抓实。具体分为三个方面：一要统筹设计，推动青少年体育赛事由教育部门、体育部门共同组织，要强化赛事体系的统筹设计，构建“校内竞赛—校级联赛—选拔性竞赛”为一体的小学、初中、高中、大学竞赛体系，建立县（区）、地（市）、省、国家四级学校体育竞赛制度；二要分类管理，推动赛事体系建立健全，使青少年统一注册资格，增加青少年自由参赛机会，减少重复办赛；三要完善配套，赛事与学生技术等级挂钩，学生技术等级又与升学挂钩，发挥竞赛导向和运动水平等级的激励作用，防止出现制度滥用和廉洁风险。

（四）加快措施融合，创新发展模式

加强青少年体育后备人才培养，学校体育是基础，体校培养是提高，社会阵地是补充。新时代深化体教融合背景下要通过政策协同实现社会共治。具体做法有以下三点。

（1）加快推进青少年体育项目主动融入学校体育。体育部门要积极服务学校体育，充分发挥各类资源优势，配合教育部门培养充实高水平体育教师、教练员力量，开齐开足体育课，不断提高学校体育课质量，创造条件丰富青少年学生课余体育活动。

（2）各级体校仍旧是当前青少年体育后备人才培养的基础和中坚，是竞技体育可持续发展的重要推动力量。要强化体校教育的育人功能，回归体校的教育本位和社会属性，深化与教育部门的合作，突出体校学生的“学生”属性，促进体校学生文化教育、运动训练、人文素养的全面发展。

（3）明确社会体育俱乐部服务学校、健康发展的路径。要联合制定社会体育俱乐部进入校园的准入标准，推动更多社会体育组织成为助力青少年体育发展的新阵地。

第二节　青少年竞技体育后备人才培养的协同治理

协同治理是指同一治理网络中的多元主体间通过协调合作、相互依存、共担风险、共同行动，实现整体功能大于局部功能之和的效果，最终促进公共利益最大化的实现。体教融合反映了青少年竞技体育后备人才培养的时代诉求，《关于深化体教融合促进青少年健康发展的意见》（以下简称《意见》）的出台为协同治理指明了方向，但在贯彻落实过程中有待进一步细化。

一、制定行政部门协同治理的合作清单

行政部门参与青少年竞技体育后备人才培养的协同治理架构如图 7-1 所示。协同治理强调从政府单部门的封闭式行政向政府多部门的协同式行政转变，强调多元主体间达到协同合作的一种工作机制。事实上，从体教结合到体教融合的转变，就是强调了对待青少年竞技体育后备人才培养这个问题时，要求部门间要进行跨领域的协同治理，这也是国际竞技体育人才培养的成熟做法。部门能够实现协同治理，关键就是各个部门在实施任务前要制定协同治理的合作清单。对于青少年竞技体育后备人才培养这个具有跨领域治理的公共事务来说，要想在落实《意见》时形成协同合作的工作机制，通过制定行政部门间的协同治理合作清单则是重要的制度保障。具体实施路径有以下四个。

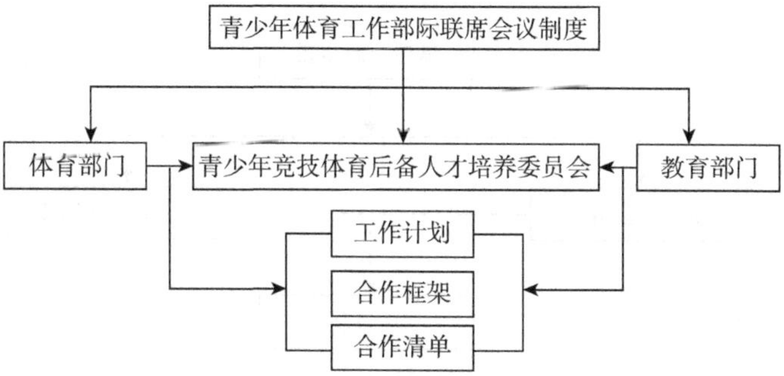

图 7-1　行政部门参与青少年竞技体育后备人才培养的协同治理架构

（1）健全青少年竞技体育后备人才培养的合作机制，尽快根据国务院设立的青少年体育工作部际联席会议制度的经验，在省级政府层面建立青少年体育工作联席会议制度，并将其拓展到市、县级政府，围绕青少年竞技体育后备人才培养涉及的青少年体育俱乐部建设、体育赛事整合、体育场地对外开放等协同治理问题进行充分讨论，制定合作方案。

（2）探索成立青少年竞技体育后备人才培养委员会，主要由教育和体育两大部门负责青少年体育工作的领导、基层体育教师、教练员和学生以及相关专家组成，围绕《意见》提出的青少年体育俱乐部建设、体育场地资源共享、体育赛事整合等要求，细化师资培训、资源共享、赛事举办等具体工作的实施计划。

（3）制定体育与教育部门关于青少年竞技体育后备人才培养的合作方案，由体育部门与教育部门协商成立协同工作领导小组，制定学校与体育俱乐部双方利益以及协同过程中的安全制度、学校体育场地对外开放的时间和价格、赛事举办及学生注册的具体办法等。

（4）制定责权清晰的合作清单，按照“谁负责、谁治理”“谁失职、谁担责”的原则，完善青少年竞技体育后备人才培养质量责任追究制度。

二、降低社会力量参与的审批门槛

社会力量参与青少年竞技体育后备人才培养的协同治理架构如图7-2所示。协同治理强调从政府的科层制体系向政府与社会合作的网络化结构转变，形成政府与社会力量相互合作的治理模式。因此，构建体育社会组织、体育市场组织与政府相互合作的治理模式也是推进青少年竞技体育后备人才培养的体教融合协同治理的理想模式。对此，应着力缩减社会力量参与青少年竞技体育后备人才培养的审批程序，增加社会力量参与的组织规模，并提升社会力量参与的工作效率。具体实施路径有以下三个。

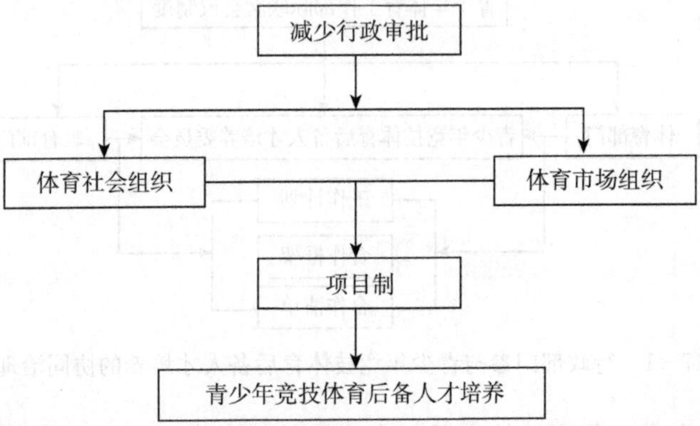

图7-2　社会力量参与青少年竞技体育后备人才培养的协同治理架构

（1）推进体育行业协会与行政机关真正脱钩，制定具有服务体教融合、服务青少年竞技体育后备人才培养业务的社会团体组织的“依法直接登记注册制度”，并开放对体育社会组织“非竞争性”原则的限制。同时，运用政策引导的形式培育"体教融合型"社会组织，并通过政策激励的手段吸引体育教师、教练员以及退役运动员的加入，从宏观层面做大、做强体育社会组织的增量和质量。

(2) 要求体育部门与教育部门取消不必要的行政审批程序，为体育市场组织介入青少年竞技体育后备人才的培养破除障碍。同时，加大对体育教育与培训行业的培育力度，由体育部门与教育部门组织相关专家制定体育教育与培训业服务青少年竞技体育后备人才培养的行业标准。此外，还要健全体育市场组织的监管制度，严防庞大的体育市场组织出现恶意竞争而导致服务质量下降的问题。

(3) 激励体育社会组织和体育市场组织协同参与青少年竞技体育后备人才的培养，可探索使用项目制的治理方式。这是因为，青少年竞技体育后备人才培养具有典型的跨域性特点，而项目制则是以实现不同部门间的共同目标为前提，运用专项资金资助的特定形式来提高不同部门间的协同治理能力，具有明显的整体性治理特征。如从国家或省级层面拨付一定的专项资金，通过服务购买、委托经营以及资金调整等形式来增进青少年竞技体育后备人才培养的协同治理。

三、健全协同治理的法治程序

协同治理强调从"人治"向"法治"的转变。常赛是体教融合实施的落脚点。对于常赛过程中容易出现的运动损伤纠纷，必须通过相应的举措来实现共担风险的目的，而法治化则为不同主体共担风险提供了法理依据。因此，推进法治化建设不仅是青少年竞技体育后备人才培养的体教融合协同治理的前提，更是其保障。对此，应尽快健全协同治理的法治程序，具体实施路径有以下四个。

(1) 完善学校体育意外伤害处罚的法律依据以及体育场地对外开放的立法，进一步完善相关条例的内容，为学校开展体育竞赛提供法律保障。

(2) 增强法律条款的可操作性，重点对语言选择、具体举措、落实方案形成强制性的规定，并对违反立法目的及要求的行为给予实质性的惩罚措施，提升相关部门共同参与青少年竞技后备人才培养协同治理的主动性和操作性。

(3) 完善青少年竞技体育后备人才培养协同治理的决策程序。应尽快将公民参与、专家论证、合法性审查、集体讨论等程序纳入青少年竞技体育后备人才培养的决策过程中，实现由"人治"向"法治"决策方式的转变。

(4) 建立跨部门执法的联动机制，主要围绕青少年竞技体育后备人才培养涉及的文化教育问题、体育场地资源供给问题、体育师资及教练员配备问题、财政资金补贴问题等进行全程法律监督。

四、探索建立第三方评估机制

协同治理强调治理的成果由所有部门受益，也包括那些没有分担成本的部门。建立平级部门间的相互督导机制，可在一定程度上促进集体性行动的有效性，有助于实现集体为了同一目标采取共同行动。引入第三方评估机制是实现评估主体多元化、效能最大化以及维护公众利益最大化的必然举措。因此，应探索建立第三方评估机制，实现对青少年竞技体育后备人才培养的体教融合协同治理的联合督导，具体实施路径有以下四个。

(1) 由国家层面或地方层面的最高行政机构来设立第三方评估机构，如由国务院或省、市政府设立的督导机构，对国家或地方青少年竞技体育后备人才培养的协同治理情况进行监督。

(2) 由设立的督导机构，通过政府购买公共服务的形式，委托第三方对体育、教育等其他部门协同参与青少年竞技体育后备人才培养的情况进行单独评估，但在评估前政府必须赋权第三方评估机构，可通过立法明确第三方评估机构的社会地位、评估流程、制定监督与评估机制，提升评估机构的合法性、权威性和公平性。

(3) 第三方评估机构要基于青少年竞技体育后备人才的健康发展、健康成长、全面发展目标来设定相应的评估内容，并对其进行量化，确保评估结果简明、易于操作。

(4) 体育、教育以及其他部门要根据评估结果制定整改方案并及时整改，由督导机构与第三方评估机构共同审查后，将评估结果与整改方案向全社会公示。

第三节　多元异质性青少年体育实体在体教融合进程中的角色定位

一、学校代表队在体教融合进程中的角色定位

(一) 学校代表队是奥林匹克主义中国化的结晶

奥林匹克主义把体育运动与文化、教育融为一体，是将身、心和精神方面的各种品质均衡地结合起来并使之得到提高的一种人生哲学，是谋求创造一种以奋斗为乐、发挥良好榜样的教育作用并尊重基本公德原则为基础的生活方式。在任何历史条件与国情下，我国都没有停止对“运动与文化、教育融为一体”这一奥林匹克主义的追随与实践探索。

正是基于对奥林匹克主义的不懈追随与探索，2020 年，彰显“体教融合”

思想的《意见》隆重出台，学校化培养路径越发受到重视，“学校代表队”被提到了一个全新的历史高度。《意见》前八条皆为学校体育工作条款，其中，第三条明确指出，大中小学校在广泛开展校内竞赛活动基础上建设学校代表队，参加区域内乃至全国联赛。对开展情况优异的学校，教育部门会同体育部门在教师、教练员培训等方面予以适当激励。鼓励建设高水平运动队的高校全面建立足球、篮球、排球等集体球类项目队伍，鼓励中学建立足球、篮球、排球学校代表队。

就“发挥良好榜样的教育作用”而言，学校代表队是奥林匹克主义的理想载体。顾名思义，学校代表队，是在体育课堂教学、课外活动、校内各类比赛等活动的基础上招募、选拔并组建而成的青少年体育组织，其成员普遍在道德修养、文化学习、身体条件、技能基础、兴趣爱好、意志品质等方面具有良好表现。同时，根据其自身性质，学校代表队也理应致力于以上良好表现的进一步升级。很显然，相对于我国传统体校形态而言，学校代表队的终端人才，更接近于“身、心和精神方面的各种品质均衡地结合”，更具榜样趋向与辐射价值，在运动与文化、教育的融合方面，高度契合了奥林匹克主义，必然代表着新生事物的发展方向。

（二）学校代表队是学校体育工作繁荣的重要保障

以校园足球为例，足球育人的核心是对抗精神或者说尚武精神、团队精神、团队对抗下的规则精神。校园足球教育，绝不是在足球绘画、啦啦操、足球操、颠球练习、单调的技术模仿中实施教育，而是需要在真实的对抗性训练与比赛中实施教育。组建校园足球代表队，意味着在普通学校内倡导较高水准的对抗性训练与竞赛，其承载的运动员精神，必然是一般意义上的学校体育工作所无法企及的。

综合考虑德育环境、文化氛围、选材面、受众群体、训练条件、竞技水平等因素，学校代表队必然是前景可期的青少年体育发展的主要推动力量，其庞大的受众群体，可能是学校代表队存在的基础之一：每一名热爱运动的青少年学生，都有机会加入其中。

（三）学校代表队是体教融合的发端载体与理想载体

相对于面向全体学生的“体育课堂教学与大课间活动”，学校代表队的训练与竞赛活动，属于“提高”运动技能的层面，对“普及”运动项目与技能具有推动作用；相比“专业与职业青少年训练营”（以下简称青训），学校代表队似乎仍处于“普及”运动项目与技能层面，对“提高”运动技能具有铺垫作用。从这个意义上讲，学校代表队恰恰是学校体育与竞技体育的桥梁与纽带。因此，就学校体育改革与发展而言，在开足、开齐、上好体育课的基础上，建立运动代表队，扩大学校层面从事竞技体育的人口数量，才能提高学校体育为竞技体育输送后备人才的可能性。唯有如此，学校体育才与竞技体育相融合。

如果学校体育仅仅满足于对青少年身体的健康促进，满足于应试氛围中略有起色的素质教育，而不能适时加速学校代表队建设，不能在基础训练阶段给予青少年学生系统的、科学的、专业的训练，不能在"普及"的基础上有质的"提高"，不能成为竞技人才成长的推动者，那么，青少年参与体育的热情会受到严重影响，学校化体育人才培养道路的优越性就难以充分体现，竞技体育人才的培养就无法融入国民教育体系之中，"教"就会失去与"体"融合的着力点。

二、体育院校在体教融合进程中的角色定位

（一）运动项群后备人才培养模式的理论与实践

运动项群分类的初衷是使体育教师能够深刻认识各运动项目的异同点，从技术层面指导训练与比赛实践。为了畅通学校化后备人才培养路径，在项目开展方面，需要重点部署青少年喜闻乐见的运动项目，如足球、篮球、排球、乒乓球、羽毛球等。对市场认同率较高的项目或职业化成熟的项目（如足球、篮球、网球等），其后备人才可以率先尝试市场化培养。

不同运动项群在竞技特点、健身与竞技功能、竞技地位、群众基础、历史成绩、发展现状、市场发展前景、成材周期、成材难度与训练成本等方面存在一定程度的差异，这种差异客观上决定了其选才标准、选才范围、选才年龄、训练阶段划分、学训矛盾处理方式、强化训练年龄起点，甚至是运动员职业寿命长短、就业前景等方面，需要区别对待。不同运动项群的后备人才培养模式不尽相同；后备人才培养模式需要与运动项群相匹配，不同运动项目的后备人才培养模式应有所不同。

事实上《意见》的多个条款，也体现了体育后备人才培养方式与运动项群匹配的思想。比如，第三条的"鼓励建设高水平运动队的高校全面建立足球、篮球、排球等集体球类项目队伍"。

（二）体育院校是部分运动项群体教融合的载体

后备人才培养模式与运动项群相匹配的思想，决定着体校模式的项目布局特征。体育后备人才成长的规律是一种客观存在，不同历史条件下，不同社会现实的国家规划选取了不同形式的体育后备人才培养模式。随着人们对客观规律认识的深化，在相互借鉴、去弊存利的过程中，体育后备人才培养模式的选择必然趋向大同小异。

基于运动项群理论，在体教融合的背景下，我国体校项目改革的具体理念为：举重、摔跤、拳击、射击、射箭、跳水、赛艇、皮划艇、帆船、铁人三项、现代五项等运动项目，虽然各具育人功能与竞技价值，但要么是学校群众

基础相对薄弱，要么是训练成本较高、训练周期较长，要么在国内的市场化、职业化程度较低。依据后备人才培养模式与运动项群相匹配的思想，以体校为塔基的举国体制三级训练网络，不失为以上运动项群人才培养的理想平台。而对于三大球、羽毛球、乒乓球、田径等群众基础良好或市场化与社会化程度较高或对训练场馆要求较低的运动项群，则不宜再维持体校形态。

至于调整项目布局后，体校或青少年体育训练中心内后备人才的文化教育方式，《意见》已经明确指出："与九年义务教育学校紧密结合，接受教育行政部门的业务领导，保证达到国家规定的基本质量要求。"当然，在体教融合的背景下，如果条件允许，体校完全可以与附近的中小学进一步加强合作，探索文化学习在普通学校内开展的走训模式。

三、职业体育俱乐部梯队在体教融合进程中的角色定位

以足球项目为例，中国足球协会的准入规定是：中超、中甲俱乐部必须拥有一支一线队、一支预备队，下设至少 5 支不同年龄层次的青少年梯队，分别为 U19、U17、U15、U14、U13。俱乐部球员的注册单位应为本俱乐部，而非其他俱乐部或法人。在人员与管理标准上，申请准入的俱乐部必须任命一名全职的青训主管，负责制订和执行俱乐部青少年培训计划，管理俱乐部青训事务。规程还对俱乐部基础设施、法律、财务等方面制定了标准。此外，中乙的俱乐部要拥有一支一线队，并且下设至少 4 支不同年龄层次的青少年梯队，分别为 U17、U15、U14、U13。由此可知，作为我国职业足球、各级国家队高水平竞技后备人才的储备主体，职业足球俱乐部梯队在规模、数量、质量、规范性等方面，都体现出了良性特征。事实上，这也是当今足球发达国家的普遍做法。

不同领域内人才成长的规律与实践告诉我们，绝大多数专门型人才成长的轨迹是，在普通学校全面发展并培育特长的基础上，选择适当的时机，进入更高一级的专门化培养场所。普通学校代表队是后备体育人才早期培育的最佳载体，至少在义务教育阶段，学校化培养模式理应作为一种主要选择。而在后义务教育阶段，或者说是在专项提高阶段以后，具备更优质训练资源与训练时空的职业俱乐部梯队则是后备人才进阶的良好载体。

四、社会体育俱乐部在体教融合进程中的角色定位

（一）我国社会体育俱乐部运行特征

青少年社会足球俱乐部的运行方式，对我国社会体育俱乐部的整体运行具有重要的参考价值。足球场地资源，是社会足球俱乐部能否存在的决定性因素，是深入分析社会足球俱乐部运行状况的首选指标。

近年来，我国青少年社会足球俱乐部如雨后春笋般纷纷出现，北京市青少年业余足球俱乐部的训练场地有海淀公园、新奥体公园、中关村体育场、朝阳公园、西三旗温泉酒店、上地硅谷亮城、北师大附中、黄城根小学等。依据足球场地资源状况，我国当前的社会业余足球俱乐部主要分为三种类型：①依托体校固有足球场地与其他训练资源而转型的青少年社会足球俱乐部；②依托企业或社会资金参与新建足球场而创办的青少年社会足球俱乐部；③依托普通学校足球场而成立的社会业余足球俱乐部或课外辅导班。

目前的社会足球俱乐部，总体上呈现出“数量众多、规模不一、边界模糊、称谓繁多、目标迥然、机制各异”等特征。综合考虑注册资金、教练资源、管理模式、企业目标、地理位置、企业经理人等多重因素，如果从“青少年足球运动技能习得效果”考量，以上三种类型俱乐部的区分并不完全清晰。相对而言，第一种类型的青少年社会足球俱乐部，依托原有场地条件，多数由体校转型而来，在管理模式、训练模式、教练资源等方面占有传统优势，在参与校园足球政府购买服务或招募培训对象的过程中，也具备天然的便利条件；第二种类型的青少年社会足球俱乐部，由于依托企业或社会力量参与新建的较高质量足球场，一般具有长期规划与发展目标，注册手续齐全，发展规模与前景可期；而第三种类型，由于就近租赁普通学校足球场地，虽然培训市场占有率也较高，而且在较大范围内强化了青少年群体的足球技术素养，弥补了学校足球课堂技能教学的不足，但多数不具备正式注册手续，更加注重即刻效益与短期运营。

（二）社会体育俱乐部是体教融合的现实载体

以有代表性的足球项目为例，中国足球协会在全国范围内认定“社会足球品牌青训机构”，绝大多数属于以上第一种类型与第二种类型。以上两种类型的足球青训队伍，常年有机会参加中国足球协会主办的各种高水准的青训系列比赛与选拔，会同职业俱乐部梯队，共同搭建了我国足球青训骨架。近几年的全国校园足球冬夏令营最佳阵容，有相当大比例的青少年队员，虽然名义上是代表各地的普通学校参与选拔，但是，事实上他们常年在前两种类型的社会体育俱乐部内接受训练。

概括而言，一方面，青少年社会体育俱乐部与培训班高度迎合了时下的体育氛围、市场经济环境、青少年的健身与技能提高需求，具有强大的生命力；另一方面，青少年社会足球俱乐部与培训班能够有效利用海量的社会资金、游离的教练员资源、闲暇场地，吸纳众多的青少年利用课余时间参与健身、娱乐、交往、技能提高，在拉动内需、促进体育产业繁荣、普及体育运动、提高青少年群体的竞技水平等方面，作用巨大。同时，为推进体教融合进程，《意见》第二十六条提出，支持社会体育组织为学校体育活动提供指导，普及体育运动技能。有条件的地方，可以通过政府向社会体育组织购买服务的方式，为缺少体育师资的中小学提供体育教学和教练服务。鉴于此，社会体育组织以有偿服务方式，满足一部分青少年学生的运动技能提高需求，而普通学校负责学生的文化学习的做法，不失为体教融合的一种重要现实形态。

第四节　中国特色竞技体育后备人才培养模式转化与创新

“体教结合”模式作为中国特色竞技体育人才培养的有益探索，取得了显著的成效，为我国竞技体育腾飞作出了不可磨灭的贡献，《意见》中“深化体教融合”正是针对体教结合在实践中存在的问题提出的指导性意见，其核心是立足学校，以学训平衡、文体协调为目标，竞赛为杠杆，构建青少年健康促进、青少年运动训练、青少年运动竞赛三大体系，不断开拓中国特色竞技人才培养的道路。

一、体教融合模式对后备人才培养的创造性转化

体教融合模式立足体育和教育作为全民事业的基本定位，通过构建竞技人才培养新格局、疏通原有的机制和资源等方面堵点、促进竞技人才有序流动等途径完成创造性转化。

（一）推进多元主体协同，形成多元竞技体育人才培养格局

体教融合模式鼓励多元主体协同，调动社会、市场、家庭、学校等培养主体的积极性，开辟多元化、多层次竞技人才培养路径，形成政府主导、学校主体、社会与市场支撑、家庭以及其他创新形式补充的“五位一体”竞技体育人才培养格局。

在“五位”中，政府主要通过政策制定进行指导与调控，明确竞技人才培养中不同主体的角色、职责，吸引社会组织提供体育服务、规范市场准入机制，协调各方利益；学校让政府、社会、市场与家庭的资源在教育平台上实现汇聚、整合和优化，是沟通政府、社会、市场与家庭的纽带与桥梁；社会与市场通过提供增量资源、渠道和服务，有效弥补政府主导、学校主体在场地设施、师资队伍和专业指导等方面的缺陷与短板；家庭自由培养通过个性化、灵活性项目选择，分散化培养方式，填补了我国三级训练网在新兴项目人才培养上存在的空白，增加了竞技项目保有量和夺金点。概言之，政府、学校、市场、社会与家庭密切配合、分工合作，政府适度赋权，重点发挥宏观治理主导作用，学校上接政府、下接市场，社会与家庭居中连接，市场、社会与政府建立起互补与合作关系，家庭补缺，由此构建起主次分明、关联立体、各司其

职、各居其位的“五位一体”的竞技人才培养格局。

（二）打通资源供给堵点，优化资源配置，实现资源融合

体教融合模式旨在通过优化资源配置以实现竞技人才培养资源融合，具体做法有以下三点。

（1）拓宽资源渠道。体教融合模式鼓励政府购买服务、创新场馆运营、统筹地方资源等创新方式，吸引、鼓励各类主体进入竞技体育人才培养领域，采取“谁培养、谁受益”原则，激励各利益主体在主动融合、自觉融合、能动融合、创造融合中拓宽资源渠道，拓展资源供给主体。

（2）打通资源供给堵点。以“党委领导和政府主导”为基本依归，充分发挥党委领导和政府主导的宏观性、总体性、决定性作用，破除利益群体间有形或无形的利益固化藩篱，打通资源供给堵点，实现资源融合，形成促进竞技体育人才培养质量提升的强大资源推动力。

（3）挖掘整合资源优势。在人才培养日益复杂、系统、集成化的现代社会，竞技体育人才培养模式对各种资源的整合统筹、挖潜力度和融合程度也提出了更高的要求。体教融合模式以系统化、整体化为发展思路，将原有的竞技体育人才培养的分散、零碎的体育与教育资源进行挖掘和整合，发挥资源的聚集优势、整体优势和协同优势，形成竞技人才培养的强大合力。

（三）完善制度体系，推动人才有序流动

体教融合模式以打通体育和教育系统的制度阻隔，推动竞技人才自由有序流动为目标。具体做法有以下四点。

（1）修定“互认”制度。采取共同制定学校体育标准，共同组织、拟订赛事计划；统一注册资格、整合各级各类青少年体育赛事，制定在校学生的运动水平等级认证的统一标准并共同参与评定，成绩纳入体育部门和教育部门的奖励评估机制等措施，实现竞技后备人才培养各环节的“标准化”“制度化”。

（2）深化“互任”制度。完善专业教练与体育教师交流任职制度，通过教练与教师的“互任”，运动员与学生互享优质的教育资源和体育资源，实现文体协调。

（3）完善“互通”制度。打通普通学校体育特长学生“进体育”的阻碍，促进运动员学生和学生运动员的水平互认制度建立，制定体育特长学生升学、训练保障措施，实施弹性学籍制度，拓展体育特长学生成长空间；畅通学生转为专业运动员的渠道，将优秀学生纳入竞技体育后备人才序列，扩充竞技体育人才储备库。与此同时，打通竞技运动员“进教育”的阻碍，鼓励退役运动员进入体育院校或普通学校等教育系统进行文化知识学习、职业技能培养和社会适应能力提升，使他们完成职业转化，促进再就业。

（4）规范“升降”制度。按照“公开、公平、公正”原则建立竞技人才升

降流动制度体系，通过国家、省、市、县四级学校体育竞赛和选拔性竞赛，检验人才培养质量，实现“以赛代练”“以赛育人”“以赛选人”，选拔最优秀学生代表国家参加国际比赛，畅通运动员上下渠道，实现后备人才有序、规范流动。

二、体教融合模式对后备人才培养的创新性发展

体教融合模式是对“体教结合”模式的拓展和升级，旨在在体育与教育融合的基础上进一步深化、广化、细化，通过培养理念、培养模式、培养体制和运行机制的创新，满足竞技体育人才培养的新需要。

（一）以融合发展观引领理念创新

体教融合模式的目标是发挥学校体育在提高竞技体育水平中的基础性作用，以融合发展观引领青少年文化学习和体育锻炼协调发展，在锤炼意志、健全人格中促进青少年健康成长，使其成为德、智、体、美、劳全面发展的社会主义建设者和接班人。围绕这一目标，体育与教育两大领域在创新、协调、绿色、开放、共享新发展理念指引下，以“融合发展”推动理念创新和实践创新。

体教融合模式就实质而言是体育与教育两个相互独立的主体间的关联，在承认体育和教育差异性、主体间性和二元性的基础上，通过二者配合形成合力培养竞技体育后备人才，服务国家竞技体育发展。体教融合模式强调体育与教育间的共性，以融通一体化达到互生、共生、新生，实现理念、机制、体制、功能、目标、责任的融通汇流，追求从形式到实质的一致性，表现出一体性、一元性。融合的出发点是合二为一，以一体化避免条块分割引发分力、分歧与对抗，实现普通学生健康促进和运动员竞技水平共同提升。体教融合对体教结合培养竞技体育人才模式的超越和突破，是以新时代融合发展观引领理念创新，从顶层设计上以融合发展为基准，在协调推进中以融合发展达共识，在落地实施时以融合发展破堵点。融合发展观是体教融合的灵魂，引领了体教融合的理念，也赋予了中国特色竞技体育人才培养模式新的生命。

（二）以“一体化设计”推动体制创新

“一体化设计”是深化体教融合的精髓所在。体教融合模式在一体化设计实践的推动下实现竞技体育人才培养的体制创新。具体做法有以下三点。

（1）训练体制创新。“三级训练网”是我国竞技人才培养的主阵地，在我国竞技体育发展中发挥着十分重要的作用，体教融合模式的推行要进一步厘清体育系统三级训练网与教育系统竞技人才培养之间的关系，建立起以三级训练网为主、以体教融合为辅的训练体系，明确在体育传统特色学校的基础上建立健全“一条龙”人才培养体系，由小学、初中、高中组成对口升学单位，开展

相同项目体育训练，解决体育人才升学断档问题，构建新型体育教育体制与市场机制耦合的青训体系。

(2) 竞赛体制创新。以培养德、智、体、美、劳全面发展的社会主义建设者和接班人为目标，整合体教双方赛事资源，共同制订覆盖全面的赛事计划，改革青少年赛事、调整规模、合并重合赛事、规范赛事运营，建立科学分段、合理分区的竞赛体制，鼓励竞技体育人才通过"常赛"提高竞技能力。

(3) 保障体制创新。我国具有集中力量办大事的制度优势，在深化体教融合中，充分发挥政府宏观调控优势，学校教学、训练、科研优势，社会与市场调节优势，家庭补充优势，为竞技体育人才培养提供坚实的保障。

(三) 以"一体化推进"促进机制创新

"一体化推进"是深化体教融合的有力措施。体教融合模式将以一体化推进方式下实现竞技体育人才培养的机制创新。具体做法有以下四点。

(1) 以党委领导和政府主导实现"组织一体化"。建立青少年体育工作部际联席会议制度，强化各级党委和政府的主导作用和主体责任，将教育、体育改革纳入议事日程，党政负责人要熟悉、关心、研究体育和教育，以党的权威统领顶层设计、总揽全局、协调各方，突破部门规章限制，开展有效跨部门合作，形成领导组织一体化体系，从根本上破除制约体教融合发展的机制障碍。

(2) 以文化学习与体育锻炼协调发展实现"学训一体化"。体教融合是以推动青少年文化学习和体育锻炼协调发展应对"学训矛盾"，其实质是平衡学训关系、构建学训一体化培养机制。体教融合模式通过强化体育特长学生学业考核评价，配齐配足配优文化课教师，加强教育教学管理，以优质教育资源和教育条件提高竞技体育人才文化教育水平。

(3) 以加强学校体育训练和完善赛事体系协同实现"赛训一体化"。体教融合模式将政府体育资源、社会体育组织、体育培训机构、体育企业力量整合配置于学校中，通过多种形式的课内外、校内外训练、培训，促进竞技人才运动技能提升，通过不同区域范围、年龄组别的竞赛去检验训练成效，以赛代训、以训促赛，在训练中突出竞赛目标，在竞赛中明确训练方向，从而实现赛训最大成效。

(4) 以青少年文化考核成绩与参赛资格获取的关联实现"学赛一体化"。体教融合模式将保障竞技后备人才的文化教育经费供给、师资配备、效果评估，制定青少年赛前文化课考试机制、科学训练机制，保障青少年的学习时间，不断提高青少年的文化教育质量，并使他们以文化素养助力运动技能的理解与学习，建立青少年文化学习与赛事体系密切配合的体教融合运行机制，强化竞赛的杠杆作用，实现学赛同步、赛学互促的一体化发展。

（四）以整体协同实现培养模式创新

培养模式创新是破解体教融合模式难题的关键。体教融合注重整合互补性资源，在发挥各自优势的基础上，确保融合有益、有效和有为。具体做法有以下三点。

（1）开放体育赛事，实现以赛育人。体教融合鼓励竞技人才参加课余训练、竞赛活动，通过扩大校内、校际体育比赛覆盖面和参与度，鼓励竞技人才获得更多的参赛体验，实现“常赛”。更重要的是推动体育系统向青少年开放赛事，增加青少年参赛机会，实现体育系统赛事资源的育人价值。

（2）开放教育资源，实现整体育人。教育资源的有效利用是体教融合目标实现的基础，统筹利用好教育资源，发挥学校师资、教学、科研等方面的优势，通过多种方式、多种渠道提升竞技体育人才文化教育水平，实现人才选拔、人才培育、人才流动和人才出路的整体规划的顺利实施，育人与育才融合发展。

（3）推行因材施教，注重差异化育人。体育和教育系统密切配合，开展满足青少年不同层次、不同运动水平的训练、竞赛活动，注重青少年在现有基础上的文化水平、运动能力的提高，因人施教、因材施教，让每一个青少年都能得到发展，通过多种文化学习方式、多样化教学质量评估等，促进青少年健康成长。

结 束 语

青少年是国家未来发展的希望，他们的健康状况对其未来发展及国家的建设都有直接的影响。因此，通过体育课程来促进青少年的体质健康发展是非常重要的，应该充分发挥幼儿园、小学、中学体育的作用，使儿童青少年的体质健康得到更好的发展。儿童青少年的体育健身及体质健康情况关系到国家和民族的发展。

本书基于体育教学理念及其主体分析，重点围绕幼儿园、小学阶段、中学阶段体育教育发展，儿童青少年体育教育基本活动，儿童青少年的体育教育与养成，新时期我国竞技体育后备人才培养的改革路径等方面进行论述研究，具有一定的理论创新和学术价值，对我国儿童青少年体育发展具有重要的现实意义。

参考文献 REFERENCES

陈思同，王立新，田来，等，2021. 儿童青少年体育知识测评体系的研制思路、构建和现实价值［J］. 首都体育学院学报，33（1）：67-73.

董翠香，2020. 小学体育与健康教学设计［M］. 北京：高等教育出版社.

杜典英，2002. 试论体育游戏与青少年儿童个性发展［J］. 体育科学，22（6）：107-108.

樊杰，2010. 体育作为一项青少年基本权利受到重视：美国将体育和体育教育纳入法律保障的努力［J］. 武汉体育学院学报，44（12）：33-37.

侯玺超，肖坤鹏，2021. 体教融合：青少年竞技体育后备人才培养的协同治理［J］. 沈阳体育学院学报，40（5）：90-97.

黄越，万强，吴亚婷，等，2021. 体医融合视域下儿童青少年近视综合防控模式构建［J］. 河北师范大学学报（自然科学版），45（2）：200-207.

蒋荣，颜月乔，2010. 青奥会目标对青少年体育人文教育的导向［J］. 南京体育学院学报（社会科学版），24（1）：18-20.

孔琳，汪晓赞，徐勤萍，等，2020. 体教融合背景下中国儿童青少年体育发展的现实困境及解决路径［J］. 中国体育科技，56（10）：29-35.

李良，徐建方，路瑛丽，等，2019. 户外活动和体育锻炼防控儿童青少年近视的研究进展［J］. 中国体育科技，55（4）：3-13.

李玉强，尹小俭，任思恩，等，2021. 儿童青少年生活习惯与体能的关系研究［J］. 体育学刊，28（4）：119-124.

刘星亮，陈义龙，刘辉，等，2012. 青少年体质健康教育模式研究［J］. 武汉体育学院学报，46（3）：74-78.

刘阳，陈思同，唐炎，等，2021. 中国儿童青少年体育素养测评体系的产生背景、构建应用及未来发展［J］. 上海体育学院学报，45（3）：19-26.

刘飏，卢雁，2015. 我国特需青少年体育发展分析［J］. 体育文化导刊（11）：14-18.

柳建坤，何晓斌，张云亮，2021. 体育锻炼、亲子关系与青少年心理健康：来自中国教育追踪调查的证据［J］. 中国青年研究（5）：103-112.

孟欢欢，2015. 论竞技体育的教育价值：竞技体育发展的起点和归宿［J］. 武汉体育学院学报，49（12）：62-65.

南海艳，王颖韬，于秀，2017. 改革开放后青少年体育主体意识发展进程及其表现特征［J］. 山东体育学院学报，33（4）：110-116.

平杰，2011. 体育强国视域下我国青少年体育的发展［J］. 上海体育学院学报，35（1）：47-50，66.

孙双明，刘波，孙妍，等，2019. 青少年体育参与和社会适应关系的实证研究：以清华大学为个案［J］. 北京体育大学学报，42（2）：76-85，125.

田慧，王敏，刘佳，等，2017. 奥运强国青少年体育现况与我国发展对策：第31届里约奥运会金牌前6位国家比较［J］. 体育科学，37（8）：3-11，20.

汪超，2018. 幼儿园体育活动设计与指导［M］. 2版. 上海：复旦大学出版社.

汪晓赞，杨燕国，孔琳，等，2020. 历史演进与政策嬗变：从“增强体质”到“体教融合”：中国儿童青少年体育健康促进政策演进的特征分析［J］. 中国体育科技，56（10）：3-10.

汪晓赞，杨燕国，孔琳，等，2020. 中国儿童青少年体育健康促进发展战略研究［J］. 成都体育学院学报，46（3）：6-12.

薛原，季浏，2009. 组织化的青少年儿童体育活动的探析［J］. 广州体育学院学报，29（6）：21-24.

阳艺武，伍艺昭，2021. 体教融合背景下青少年体育后备人才培养的现实审视与战略取向［J］. 武汉体育学院学报，55（1）：80-86.

杨桦，刘志国，2021. 体教融合：中国特色竞技体育后备人才培养模式转化与创新［J］. 成都体育学院学报，47（3）：1-8.

杨展加，李威生，2001. 21世纪四川省青少年体育发展战略对策研究［J］. 成都体育学院学报，27（1）：9-12.

于成喜，2021. 健康中国背景下青少年学校体育发展策略［J］. 广州体育学院学报，41（3）：21-23.

虞浩，贺新奇，2021. 多元异质青少年体育实体在体教融合进程中的角色定位研究［J］. 广州体育学院学报，41（4）：123-128.

张兴泉，王亚乒，龚建林，等，2021. 家庭体育视角下儿童青少年身体活动量提升研究［J］. 沈阳体育学院学报，40（4）：33-41.

张云亮，柳建坤，何晓斌，2021. 体育锻炼对青少年学业表现的影响及其中介机制：基于中国教育追踪调查的实证分析［J］. 上海体育学院学报，45（1）：29-39.

张忠，严爱鸣，2011. 体育强国建设中青少年体育发展方略［J］. 上海体育学院学报，35（5）：18-21.

赵珊，李有强，2020. 解读与启示：聚焦儿童青少年体育素养提升的美国综合学校体力活动计划［J］. 山东体育科技，42（4）：56-63.

郑艾明，张孟军，米伟娟，2016. 幼儿园体育活动的理论与方法［M］. 北京：北京邮电大学出版社.

钟秉枢，2020. 体教融合背景下青少年体育赛事体系完善的路径研究［J］. 体育学研究，34（5）：13-20.

周兰君，2001. 关于体育在青少年素质教育中若干作用的研究［J］. 广州体育学院学报，21（4）：116-119.

周晟，陈健，张健，等，2019. 参与体育活动学龄儿童视功能的年龄与性别差异［J］. 中国康复理论与实践，25（11）：1255-1259.